개정판
진주 역사

진주문화를 찾아서 13
진주 역사

초 판 1쇄 발행 2010년 2월 25일
개정판 1쇄 발행 2020년 3월 10일

지은이 | 김해영
사 진 | 김용철
펴낸이 | 김진수
펴낸곳 | 한국문화사
등 록 | 제1994-9호
주 소 | 서울특별시 성동구 광나루로 130 서울숲 IT캐슬 1310호
전 화 | 02-464-7708
팩 스 | 02-499-0846
이메일 | hkm7708@hanmail.net
웹사이트 | hph.co.kr

ISBN 978-89-6817-854-2 04380
ISBN 978-89-6817-803-0 (세트)

• 이 책의 내용은 저작권법에 따라 보호받고 있습니다.
• 잘못된 책은 구매처에서 바꾸어 드립니다.
• 책값은 뒤표지에 있습니다.

이 도서의 국립중앙도서관 출판예정도서목록(CIP)은 서지정보유통지원시스템 홈페이지(http://seoji.nl.go.kr)와 국가자료종합목록 구축시스템(http://kolis-net.nl.go.kr)에서 이용하실 수 있습니다. (CIP제어번호 : CIP2020009125)

진주문화를 찾아서 13

개정판
진주 역사

김해영 · 글 | 김용철 · 사진

한국문화사

진주문화를 찾아서 편간위원회 위원(가나다 차례)

고영훈(경상대학교 건축학과 명예교수)
김장하(남성문화재단 이사장, 자문)
김준형(경상대학교 역사교육과 명예교수)
김중섭(경상대학교 사회학과 명예교수, 위원장)
리영달(진주문화사랑모임 명예이사장, 자문)
안동준(경상대학교 국어교육과 교수)
정병훈(경상대학교 철학과 교수)
조규태(경상대학교 국어교육과 명예교수)

<진주문화를 찾아서>를 새롭게 시작하며

　최근 진주에서는 1억 1천만 년 전 백악기에 공룡들이 무리 지어 살았다는 것을 보여주는 화석 단지가 발견되었다. 사람들이 언제부터 이곳에 살기 시작했는지는 정확히 알 수 없지만, 자연의 역사가 오래되었다는 것은 분명하다. 그리고 신석기나 청동기 유적이 곳곳에서 발견되니 기록 역사 이전부터 오늘날 진주라는 곳에 인류가 살았다는 것도 틀림없는 사실이다. 가야시대의 역사 흔적이 쉽게 발견되는 것도 많은 사람들이 이곳을 삶터로 삼으면서 통치 기구가 형성되어 있었다는 것을 보여준다. 게다가 1,300년 전 통일신라시대에 전국을 9주로 나누었을 때(신문왕 5년, 695년) 이곳에 청주(菁州)라는 주의 치소(관청 소재지)를 두었다는 것도 행정 중심지로서 오랜 역사를 갖고 있다는 것을 뜻한다. 그 뒤에 강주(康州), 청주로 이름이 번갈아 바뀌다가, 1,000년 전 고려 때 진주로 바뀌면서(성종 14년, 995년), 진주라는 지명이 굳어지게 되었다.

　오랜 역사를 통해 만들어진 사람들의 삶의 자취가 이 지역 곳곳에 자연의 흔적으로, 문화로, 기록으로 남아있다. 문화는 좁은 의미의 예술이나 장인 활동이 아니다. 그것은 사람들의 삶의 방식이며, 역사의 흔적이기도 하다. 우리는 '진주 문화'를 찾아가고 있다. 곧, 오랫동안 큰 고을로 이름을 날린, 또 우리 민족의 역사적 변곡점이었던 현장이기도 한 이곳 진주의 역사,

문화, 또 여기서 살아온 사람들을 기억하고, 기록하고, 탐구하려고 한다. 더 나아가 시민들이 진주 문화를 쉽게 이해하고 배우는 데 도움을 주고자 한다.

오늘날 우리들이 살고 있는 환경은 빠르게 바뀌고 있다. 세계가 한 마을처럼 좁아져 가고 있다. 과학에 힘입어 통신과 교통이 발전하면서 지식과 정보가 더욱 중요해지고 있다. 이른바 전지구화 사회, 지식정보 사회로 바뀌는 가운데 사람들이 만들어내는 환경 문제, 사회 문제는 다음 세대가 감당할 수 있을까 염려되는 수준으로 악화되고 있다. 이런 상황에서 우리는 진주의 역사와 문화를 제대로 들여다보는 것이 더욱 중요하다고 깨닫는다. 우리들이 살고 있는 지역의 역사와 문화를 올바로 아는 것이 우리 삶을 더욱 살찌우고 격조 높게 만들어가는 길이라고 믿기 때문이다.

〈진주문화를 찾아서〉 책자 발간은 새천년으로 넘어올 때 처음 시작되었다. 지난 20년 동안 우여곡절을 겪으면서도 18권의 책이 나왔다. 예정보다 더디게 나오기도 하였고, 출판사가 바뀌기도 하였다. 처음 열권은 '지식산업사', 그 뒤 다섯권은 '문화고을' 그리고 세권은 '알마' 출판사가 지역 문화와 역사를 귀중하게 여겨 출판을 맡아 주셨다. 이 자리를 빌려서 이 세 출판사에 고마움의 인사를 드린다. 여러 사정으로 이제 출판사를 바꾸어 다시 출발하고자 한다. 어려운 출판계 형편에도 지역 문화를 드높인다는 큰 뜻을 갖고 우리와 협력하기로 약조를 맺은 한국문화사에 감사드린다.

〈진주문화를 찾아서〉가 지금까지 이어질 수 있었던 것은 오로지 남성문화재단 김장하 이사장님의 열의와 후원 덕분이다. 긴 세월 끊임없이 발간

비용을 맡아 주시며 시민들이 쉽게 읽을 수 있는 책이 되도록 독려해 주시는 것은 진주 사랑이라는 특별한 마음가짐 없이는 어려운 일이다. 김장하 이사장님의 후의와 성원에 진주 시민으로서 마음 깊이 고마움을 전한다.

　새로 출발하는 이 시점에 우리는 한 분을 특별히 기억하려고 한다. 편간위원회를 구성하고 〈진주문화를 찾아서〉 시리즈를 기획하고 발간을 추진해 온 김수업 전 진주문화연구소 이사장님이다. 지난해 불치의 병으로 세상을 떠날 때까지 편간위원장을 맡아 삶의 마지막 순간까지 좋은 책이 나오도록 애쓰시며 진주 문화 발전에 온 힘을 쏟으신 김수업 전 편간위원장님의 노고에 감사드리며, 저 세상에서 편안한 안식을 누리시기를 기원한다.

　〈진주문화를 찾아서〉의 발간을 새롭게 시작하지만, 지금까지 해 온 것과 크게 다르지 않을 것이다. 진주의 역사, 문화, 인물 등에 대하여 시민들이 쉽게 읽을 수 있는 책을 만들려고 하는 것은 처음 마음 그대로이다. 그러나 뜻대로 안 되는 것도 적지 않을 것이다. 또 부족한 부분도 많을 것이다. 읽으시는 분들의 채찍과 가르침을 부탁드린다.

2019년 8월
〈진주문화를 찾아서〉 편간위원회

머 l 리 l l 말

통일신라시대 이전까지만 하더라도 진주 지역을 기반으로 한 정치 세력이나 집단의 성장은 미약하였다. 이 때문에 일찍이 경상도 서부지역에서 일어난 변한의 여러 작은 나라나 가야의 여러 나라 가운데 진주 지역에 있었던 것으로 여겨질 만한 나라가 보이지 않는다. 이렇듯 지역의 발전이나 성장이 더딘 것은 가야가 멸망하고 삼국이 정립하여 각축하던 시기에 있어서도 마찬가지였다. 이는 진주 지역의 당시 모습이나 사정을 알려주는 삼국 시대의 기록도 그다지 볼 것이 없는 데서도 짐작할 수 있다.

진주가 경상도의 큰 고을로 눈에 띄게 드러난 것은 삼국을 통일한 신라가 전국을 9주(九州)로 일컬어지는 아홉의 광역 행정 구역을 정하면서 그 가운데 한 주의 청사를 진주 지역에 두게 되면서였다. 이로써 진주는 경상도 지역의 큰 고을로 성장할 수 있게 되었고 통일신라 이후 역대 왕조에 이르러서도 이러한 위상을 변함없이 유지하였다. 이는 근대에 와서 이루어진 지방 제도의 개편이나 해방 이후 진주시로 발전하는 데에도 일정하게 작용하였다.

그러므로 진주의 역사를 이야기할 적에 가장 먼저 말하지 않을 수 없는 것은 경상도 지역의 큰 고을로 일찍부터 자리 잡아 발전해 왔다는 사실일 것이다. 진주에서 일어난 크고 작은 역사적 사건이나 사태는 시대적 상황과 지역적 조건에 따라 각기 다른 모습을 띠고는 있으나 경상도의 큰 고을이라는 무대 위에서 펼쳐진 것임을 염두에 두어야 한다.

큰 고을이었기 때문에 진주는 일찍부터 토착 세력이 힘을 얻고 많은 인물을 배출하여 중앙 진출을 활발히 하였다. 조선 초기에는 한때 조정의 높은 벼슬아치의 절반이 영남 인물이며 영남 인물의 절반이 진주 출신이라는 말이 나올 정도였다. 조선 중기에는 많은 사림계 인물을 배출하여 진주 출신 인사를 중심으로 하는 특색 있는 정론이 펼쳐졌으며, 동서 분당(동인과 서인으로 나뉜 정당), 남북 분당(남인과 북인으로 나뉜 정당), 대소북의 분당(대북과 소북으로 나뉜 정당) 시기에도 정권의 한 축을 담당하여 발언권을 행사하였다. 중앙정계에 진출하여 활동하는 인사를 활발히 배출하던 이들 시기에는 진주지역 사족 가문의 세력 또한 강성하였고, 이는 임진왜란과 같은 국란이 터졌을 때 주민의 힘을 모아 외적에 맞서 싸워 전란을 이겨내는 바탕이 되기도 하였다.

이러한 진주 지역의 사정은 조선 왕조 후기에 이르면서는 달라지게 된다. 인조반정 이후 북인 정권의 몰락과 함께 진주 출신 인사들은 당쟁 세력의 어느 쪽에도 참여하지 못하게 되었고, 뿐만 아니라 잇달아 벌어진 정치적 사건으로 정권 참여의 길이 아예 막혀 버리는 상황까지 맞게된 것이다. 이렇게 중앙 권력과 멀어지면서 향촌 내에서 사족의 처지나 입김도 눈에 띄게 낮아지게 되었고, 이는 관리의 부정과 비리를 보고서도 이를 고치고 바로잡는 지방자치의 능력까지 잃게 하였다.

이와 같은 내부적 사정이 봉건 정부의 부정과 비리에 대항하는 주체에 변동을 가져와 1862년 진주에서는 농민이 반봉건 투쟁의 전면에 나서는 사태가 벌어졌다. 그리고 이는 잇달아 전국 각지에서 일어난 농민 항쟁을 이끄는 몫을 했다. 반봉건 투쟁을 경험하면서 키워낸 불의에 대한 저항 정신은 그 뒤 시대의 진전과 상황의 변동에 따라 동학 운동, 의병 운동, 형평운동과 같은 반봉건 투쟁, 반침략 투쟁, 인권운동의 흐름으로 이어져 진주의 역사에 아로새겨지게 되었다.

　이 글은 진주의 역사에 대한 이 같은 인식을 바탕으로 하여 이와 관련된 주제를 전부 열여섯 가지로 나누어 시대 순으로 서술하였다. ① 선사유적과 ② 가야문화권과 진주는 큰 고을로 발전하기 이전의 진주 지역의 사정을 이해하기 위한 것이고, ③ 큰 고을로 발전, ④ 신라 말엽과 고려 초엽의 진주 호족,⑤ 진주목의 설치, ⑥ 토박이 성씨와 인물, ⑦ 정방의의 난은 통일신라와 고려 시대를 거치면서 변화한 모습과 중요 사건이다. ⑧ 조선 전기의 진주목, ⑨ 진주성 전투, ⑩ 남명 조식과 진주 사족, ⑪ 유력한 씨족의 동향은 조선 왕조로 넘어와 변화하는 진주 지역의 모습과 중요한 역사적 사실을 살펴본 것이고, ⑫ 1862년 농민 항쟁, ⑬ 동학 농민 운동 시기 ⑭ 항일 의병 운동은 봉건 왕조 말기에 진주 지역에서 일어났던 중요한 사태와 사회적 동향을 살핀 것이다. ⑮ 형평사 창립과 활동은 근대사회로 전환하던 시기에 있었던 인권 운동에 대해서, ⑯ 근대도시로 발전은 오늘날의 진주시로 이르기까지의 지방 행정 제도의 변천 내용을 살펴본 것이다.

차례

〈진주문화를 찾아서〉를 새롭게 시작하며 · · · 5

머리말 · · · · · · · · · · · · · · · · · 8

1. 선사 유적 · · · · · · · · · · · 15

2. 가야문화권과 진주 · · · · · · · · 25

3. 큰 고을로 발전 · · · · · · · · 33

4. 신라 말엽과 고려 초엽의 호족 · · 41

5. 진주목 설치 · · · · · · · · · 49

6. 토박이 성씨와 인물 · · · · · · 57

7. 정방의의 난 · · · · · · · · · 67

8. 조선 전기의 진주목 · · · · · · 75

9. 진주성 전투 · · · · · · · · · 85

10. 남명 조식과 진주 사족 · · · · 95

11. 유력한 씨족의 동향 · · · · · · 103

12. 1862년 농민 항쟁 · · · · · · 113

13. 동학 농민 운동 시기 · · · · · 125

14. 항일 의병 운동 · · · · · · · 133

15. 형평사 창립과 활동 · · · · · 141

16. 근대 도시로 발전 · · · · · · · 151

참고 문헌 · · · · · · · · · · · · · 160

1장
선사유적

인간이 여느 동물과 달리 문화생활을 할 수 있었던 원천은 도구의 제작과 이용에 있다고 할 수 있다. 그래서 아득한 옛날 문자 기록을 남기지 않은 시기에 있어서 인류의 생활 모습을 이해하는 데는 생활 도구(유물)나 그 주변 흔적(유적)이 중요한 추정 자료가 된다.

문자 기록이 존재하지 않아 유물과 유적에 의해 당시의 생활상을 추정하여 이해하는 시대를 선사 시대라 한다. 선사 시대는 흔히 구석기, 신석기, 청동기, 철기 시대로 발전하는 것으로 알려져 있다. 구석기와 신석기 시대는 석기를 가공하는 기술 수준을 두고 구분한 것이나 대체로 농사를 지으며 한 곳에 머물러 사는지 아닌지에 따라 두 시대가 구분되며, 청동기와 철기 시대는 청동기와 철기의 제작과 이용을 두고 구분한 것이지만 계급 사회의 출현과 국가의 형성을 각각 특징으로 드러내는 시대로 갈라볼 수 있다.

　1960년대 초까지만 하더라도 한반도 전체를 통틀어서도 구석기 유적의 존재를 확인하지 못하였으나, 그 이후 한반도 곳곳에서 구석기 유적이 확인되면서 이제는 한반도 내의 구석기 유적지가 수십 군데에 달한다. 오늘날의 진주 지역에서도 대평면 내촌리에서 구석기 유적이 발굴됨으로써 진주 지역에도 아득히 먼 옛날부터 사람이 살았다는 사실을 알 수 있게 되었다.

내촌리에서 발견된 깬석기

내촌리 유적에서는 사람 손으로 가공한 흔적이 보이는 석기를 일백 수십 점이나 찾아내었다. 이들 석기는 가공의 정도가 매우 미미할 뿐 아니라 대부분이 찍개류나 긁개류의 석기이고, 구석기 시대 후기의 대표 석기인 돌날(blade)이 보이지 않아 중기 이전에 이 지역에 살았던 사람들이 남긴 유적으로 추정하고 있다. 진주에서는 이 밖에 대곡면 마진리, 지수면 청계리 임계마을 일대에서도 구석기 유적으로 추정되는 유물이 발견되었다. 이들 유적을 통해서 진주 지역에 처음 사람이 살았던 시기가 수십만 년 이전으로 거슬러 올라갈 수 있음이 확인되었다.

　이 시대 사람들은 동물을 기르거나 식량을 생산하는 법을 알지 못하였다. 유치하나마 도구를 사용하여 식량 자원을 얻고 불을 사용할 줄 알았다는 점에서 여느 동물의 생활과는 달랐으나 생활 모습 자체는 동물과 크게 다를 것이 없었다. 이들은 한 떼의 동물처럼 무리를 지어 살면서 기후와 환경의 변화에 따라 떠돌아다녔다. 그러므로 이들은 지금으로부터 수천 년 전에 진주 지역에 들어와 정착해 살았던 사람들과는 혈연적으로 아무런 관계가 없다고 할 수 있다. 따라서 진주 지역에 머물며 모여서 부족 사회를 이루고 살았던 진주 지역 정착민의 모습은 신석기 유적에서 찾아야 한다.

　진주 지역 신석기 유적은 대평면 상촌리, 대곡면 마진리, 수곡면 원

상촌리의 신석기시대 집터

당, 금곡면 엄정리 등 여러 곳이 알려져 있다. 이 가운데 상촌리 유적에서는 20여 채의 집터와 100여 개의 크고 작은 구덩이가 발견되었다. 이들 집터 중에는 2~3명 정도가 생활할 수 있는 작은 집터도 있으나, 대체로 여남은 사람이 생활할 만한 큰 규모의 집터가 많다. 어떤 집터에서는 가장자리에 큰 빗살무늬 토기를 세워놓고 여기에 죽은 사람을 화장한 뒤 남은 뼈를 모아서 묻어 놓은 것이 발견되기도 하였다. 이처럼 토기 안에 사람을 매장한 사례는 우리나라 신석기 시대의 매장 풍습으로는 달리 알려진 바가 없다고 한다.

상촌리 유적에서는 여러 형태의 다양한 토기가 발견되었다. 아가리

상촌리에서 발견된 빗살무늬 토기

부터 밑바닥까지 기하학적인 무늬를 그려 넣은 것에서부터 밑바닥이나 몸체에는 무늬가 없고 아가리 부분에만 무늬를 넣은 것, 붉은 빛깔을 입힌 것 등이 보인다. 토기에 그려진 무늬에는 점열문, 짧은 빗금무늬, 생선 뼈 무늬, 비스듬한 문살무늬, 세모꼴 무늬 같은 것들이 보인다. 석기로는 돌도끼, 갈돌, 숫돌, 보습 꼴 석기, 돌창, 돌화살촉 등이 발견되었다.

　상촌리 유적은 토기의 형태나 무늬를 살펴볼 때 우리나라 신석기시대 중기(기원전 3500~2000년)와 후기(기원전 2000~1000년)에 해당하는 것이다. 신석기 시대 전기에 해당하는 것은 보이지 않는데 이는 같은 시기

남해안 일대의 다른 지역에서 발견되는 신석기 유물과 비슷한 특색을 지니는 것이다. 그러므로 대평면 상촌리 유적을 남긴 주민은 대체로 우리나라 신석기 시대 중·후기의 어느 시기에 살았던 사람들인 것으로 짐작할 수 있다. 진주 지역의 신석기 유적은 이 밖에도 대곡면 마진리, 수곡면 원당리, 금곡면 엄정리 등지의 유적을 들 수 있는데, 이들 유적지가 자리 잡은 곳은 진주 도심 지역이 아닌 외곽 지역의 강변이나 야산이라는 점이 눈에 띈다.

진주에서는 1995년부터 1999년까지 진행한 남강댐 확장 공사로 인근의 수몰 예정 지역에 대한 대규모 발굴 조사가 이루어져 선사시대 전 시기에 걸친 다양한 유적과 유물을 조사한 바 있다. 그들 가운데서도 크게 눈길을 끌었던 것은 대평리의 청동기 유적이었다. 대평 유적의 발굴은 전체 유적지의 극히 일부분에 대해서만 이루어졌지만, 큰 규모의 밭과 마을, 마을의 방어와 경계를 담당하는 시설인 환호(빙 둘러 깊이 파고 물을 채워 놓은 도랑), 무려 400동이 넘는 집터, 수많은 야외 작업장과 화덕 자리, 그릇을 굽는 가마, 먹거리를 저장하는 구덩이, 무덤 등 여러 가지 구조물을 확인할 수 있었다. 이들 구조물은 주거 지역과 경작지, 매장 지역으로 구분되는 공간 속에 유기적으로 배치되어 있어서 당시 이 지역에 살았던 사람들의 생활 모습을 엿볼 수 있게 한다.

대평유적에서 드러난 청동기 시대 밭터

　우선 대규모의 밭과 수백 채의 집터 유적을 통해서 볼 때, 강변에 쌓인 모래흙으로 이루어진 넓은 충적지(큰물에 떠내려온 풋나무와 흙탕이 쌓여서 이루어진 땅)에서 밭농사를 하였음을 알 수 있다. 먹고 남은 먹거리를 따로 비축할 수 있을 정도로 제법 넉넉하고 안정된 사회를 이루고 살았으며, 인구가 늘어나면서 주변 일대에서는 가장 큰 마을을 이루었고, 근처에서 나오는 옥돌로 장신구를 만들어 쓰는 따위 수공업도 발달하였던 것으로 보인다. 공동체의 생명과 재산을 보호하기 위한 방책으로 만들어진 '환호'와 같은 큰 규모의 방어 시설은 많은 노동력과 상당한 수준의 토목 기술이 뒷받침되었음을 알려주며, 한편으로는

발굴조사로 드러난 대평면 옥방마을의 환호

우두머리를 중심으로 조직화된 계급사회의 모습을 보여주기도 한다.

대평리의 여러 청동기 시대 유적에서는 수많은 유물이 출토되었지만 정작 청동 유물은 한 점의 굽은 옥 모양 제품뿐이고 대다수는 토기와 석기, 구슬로 된 장신구들이다. 그런데도 대평리의 이들 유적을 청동기 시대의 것으로 판단하는 까닭은 이들 유적지의 유물이 우리나라의 다른 지역에서는 청동기시대 유물과 함께 나오기 때문이다.

청동기 시대는 청동기의 사용과 더불어 생산 경제가 더욱 발전하고 전문적 분업이 이루어지면서 사유 재산 제도와 지배 계급이 처음으로 나타나는 시대이다. 청동기 시대에 나타나는 최초의 계급사회는 흔히 족장사회(군장사회)로 일컬어진다. 대평리 유적에서 나타나는 큰 규모의 밭과 마을, 마을의 방어와 경계를 담당하는 시설인 환호, 수백 동의 집터와 고인돌은 이러한 족장 사회의 모습을 잘 보여주는 것이라 할 수 있다. 족장사회는 핏줄을 바탕으로 하고 지역 공동체를 터전으로 하는 점에서 부족사회와 다를 바 없으나, 족장이 지배하는 계급사회라는 점에서 부족사회에서 한 단계 나아간 사회라 할 수 있다. 족장과 그의 가족의 무덤인 고인돌이나 주거지 주위에 설치한 방어 시설인 환호는 청동기시대 계급사회의 모습을 알려주는 대표적인 유적이다. 진주 대평리 유적은 이 같은 계급사회의 모습을 잘 보여주는 것이라 할 것이다.

2장
가야 문화권과 진주

 청동기를 쓰면서 나타난 족장사회 중에는 더욱 발전한 정치조직체인 국가를 이룩하는 경우도 있지만 우리나라 곳곳에서 국가가 나타나는 때는 철기를 쓰던 시대부터이다. 이렇게 철기 문화를 바탕으로 한반도 곳곳에서 수많은 국가가 나타날 무렵 진주지역의 사정은 어떠했는지를 살펴보기로 한다.
 청동기의 사용과 함께 한반도 남부지역은 한강 유역을 경계로 북쪽 지방과 구별되는 특색 있는 문화권을 이루게 된다. 이렇게 지역적 특색이 다른 한강 이남 지역에는 철기의 사용과 함께 수십여 작은 나라들이 나타나기에 이르렀다. 한강 이남 지역 여러 곳에서 작은 나라를 세웠던 종족은 북쪽의 예맥족과 달리 한족(韓族)이라 일컬어진다. 이들 한족 사회는 통칭해서는 삼한(三韓)이라고 불려지나, 삼한 사회 내부에는 마한, 진한, 변한이라 일컫는 서로 다른 종족과 그들의 생활권이 있었다.

한족 사회는 기원전 1세기 후반 이래 철기의 사용

『삼국지』위지 동이전의 삼한에 대한 기록

이 점차 두루 퍼지면서 생산력의 증대와 함께 철을 매개로 물자의 교역이 활발히 전개되었다. 이에 따라 여러 지역 집단 사이에 세력 격차가 나타나고 여러 작은 나라 사이에 새로운 세력 판도가 형성되었다. 작은 나라가 안으로 성장하고 밖으로 넓혀지면서 무력 충돌이 잦아지고 이 과정에서 지역별로 힘 있는 나라를 중심으로 소국연맹체가 떠오르게 되었다.

기원후 3세기 후반 한강 이남 지역의 사정을 전하고 있는 삼국지 (중국 진나라 때 진수(233~297)가 지은 역사책)의 기록에 따르면 마한은 오늘날의 경기, 충청, 전라도 지역에 54개의 작은 나라를, 진한과 변한은 경상도 지역에 각각 12개의 작은 나라를 이루고 있었던 것으로 나타난다. 이들 삼한의 여러 소국은 마한 지역에서는 목지국, 진한 지역에서는 사로국, 변한 지역에서는 가야국(김해)을 중심으로 소국연맹체를 형성하였다. 이후 마한의 작은 나라들은 하나로 뭉쳐져서 고대국가인 백제로 발전하고, 진한의 작은 나라들은 뭉쳐져서 신라가 되었으나, 변한의 작은 나라들은 통일 국가를 형성하지 못한 채로 머물러 있다가 결국 신라에 흡수되었다.

　진주 지역을 포함해서 낙동강 중·하류의 경상도 서부 지역과 경남 해안 일대의 땅에는 변한의 크고 작은 소국들이 일정한 형세를 이루고 있었다. '변진 12국'으로 이름이 전하는 변한의 소국으로는 미리미동(彌離彌凍)·접도(接塗)·고자미동(古資彌凍)·고순시(古淳是)·반로(半路)·낙노(樂奴)·미오야마(彌烏耶馬)·감로(甘露)·구야(狗耶)·주조마(走漕馬)·안야(安耶)·독로(瀆盧)의 열두 나라가 있다. 이 가운데 '고순시'와 '주조마'라는 나라는 그 위치가 분명하지 않아 진주에 있었던 것으로 추정하는 견해가 있기도 하다. 그러나 지금까지 진주에서는 삼한시대 토기나 무덤이 전혀 발견되지 않고 있어 삼한시대 당시 진주 지역은 소국을 형성할 정도의 정치 집단의 성장이나 지역 발전을 이루지 못했던 것으로 보인다. 변한에는 이렇게 이름이 알려진 12개 소국 외에도 독립적

대평유적에서 드러난 청동기 시대 밭터

인 우두머리가 있는 여러 작은 별읍(別邑)들이 있었다고 한다. 그러니까 당시 진주 지역은 소국 정도의 세력으로 성장하지 못한 작은 규모의 독자적 정치 집단이 있었을 가능성은 있었다고 하겠다.

변한 사람들은 진한 사람들과 뒤섞여 살았다. 성곽을 지어 생활하고 의복과 주거, 언어와 풍속이 진한과 비슷하였으나 제사지내는 귀신이 달랐으며, 부엌을 모두 서쪽으로 내어서 살았다고 한다. 변한 사람들은 모두 신체가 크고 깨끗한 의복을 입고 장발 머리를 하였으며 폭이 넓은 세포(올이 가는 베)를 짜서 입고 법속이 특별히 엄하였다고 한다.

삼한시대에 뒤이은 가야시대(대략 AD 4세기 이후)에도 진주 지역의 사정이 어떠했는지는 분명하지 않다. 진주 지역을 기반으로 한 정치 세력은 3~4세기 대에 김해의 금관국이 주도하는 가야연맹체에 포함되어 있었고, 5세기경에는 경남 서부지역에서 주도권을 행사했던 함안 아라가야의 영향력 아래에 놓였다가, 이후 고령의 대가야가 주도하는 가야연맹체에 포함되었던 것으로 추정되고 있다. 그리고 5세기 후반대에 이르러 대가야 연맹체의 통괄 능력이 약화되면서 진주를 비롯한 경남 서남부 지역의 가야 소국들은 가야연맹체로부터 이탈되는 움직임을 보였던 것으로 본다.

대가야의 멸망(562)을 마지막으로 가야 세력은 역사에서 소멸하고 가야권은 신라와 백제에 의해 분할, 점령되었다. 경남 서남부 지역을 근거지로 하고 있었던 가야의 여러 소국 역시 늦어도 6세기 중반 경에는 멸망의 길을 걸었던 것으로 보인다. 이후 이 지역의 정치적 예속 관계는 백제와 신라의 각축 과정에서 여러 차례 바뀌었던 것으로 보이나, 이에 관해서도 자료의 부족으로 자세한 사정을 알 길이 없다.

진주 지역에는 수정동·옥봉 고분군을 비롯하여 가좌동, 중안동 고분군 등의 크고 작은 가야 시대 무덤 유적이 알려져 있다. 수정동·옥봉 고분군은 일곱 기의 거대한 무덤들이 산의 능선을 따라 줄을 지어 자리 잡고 있다. 이들 고분은 여기서 나온 '기꽂이'와 '청동합' 등의 유물로 보아 당시 이 지역을 지배했던 수장들의 무덤으로 보인다. 기꽂

옥봉 - 수정봉의 가야시대 고분과 발굴 유물인 통형 기대(일제 때 촬영)

이는 그 용도가 분명치 않으나 경주의 금관총이나 금령총 등 각 지역 수장의 무덤에서만 찾아볼 수 있으며 청동합도 대개 왕이나 수장의 무덤에서 나타나기 때문이다.

  진주 지역에서는 5~6세기에 만들었을 듯한 가야의 대표적인 무덤인 돌덧널무덤이 여러 곳에서 발견되고는 있으나 강력한 권력자의 존재를 알려주는 관모나 갑옷, 투구, 대도, 마구류 등이 이들 고분에서 발견되지 않았다. 이로써도 이 시기까지 진주지역에는 강력한 정치 체제가 이루어지 않았던 것으로 짐작된다.

  진주는 삼한시대의 '고순시' 혹은 '주조마', 가야시대의 '고령가야'와

진주 가좌동 고분 발굴에서 드러난 가야시대 돌덧널무덤

같이 이름이 전하는 소국이 자리하고 있었던 곳으로 추정하는 견해가 있다. 그러나 문헌상의 기록이나 발굴 유물·유적의 실상으로 볼 때 이러한 견해는 설득력이 없다. 이런 견해는 진주가 통일신라 이후 경상도 지역의 큰 고을로 발전하였으므로, 그 앞 단계에 이미 강력한 정치 집단의 성장이 있었을 것으로 잘못 추정한 데서 말미암은 것이다.

이렇게 지역적 성장이 더딘 것은 비단 삼한·가야 시대만이 아니라 가야가 멸망한 이후 삼국이 정립하고 각축하던 시기에 있어서도 마찬가지였던 것으로 본다. 이는 삼국시대까지도 진주 지역의 사정이나 지역적 위상을 알려주는 당시의 기록이 거의 보이지 않는 데서도 짐작

된다. 진주의 역사에 대한 첫 기록이 "진주는 본시 백제 거열성이었는데 신라 문무왕 3년에 취하여 주를 두었다."라고 하는 데서 비롯되는 것도 이 때문일 것이다.

3장
큰 고을로 발전

　김해의 금관가야가 532년에, 고령의 대가야가 562년에 신라에 의해 멸망한 이래 옛 가야 지역은 대부분 신라의 영토에 포함되었을 것이나 진주를 포함한 경남의 서남부 지역은 그 사정이 뚜렷하지 않다. 가야의 여러 소국이 멸망한 이후 신라와 백제 사이에는 낙동강 유역을 서로 차지하려는 싸움이 끊이지 않았다. 그러므로 진주와 같이 신라 영토의 언저리에 자리하고 백제와 이웃한 지역은 시기에 따라 그 영속 관계가 자주 바뀌었을 것으로 보인다. 그러므로 삼한, 가야 시대까지 뚜렷한 발전을 보이지 못한 진주지역은 삼국 시대에 이르러서도 어느 때는 신라의 세력권에, 어느 때는 백제의 세력권에 포함되면서 지역 발전이 여전히 뒤떨어졌을 것으로 보인다. 이렇게 삼국시대까지만 하더라도 경상도 지역 내에서 뚜렷한 지역적 위상을 지니지 못했던 진주지역이 비약적 성장을 보이게 되는 것은 통일신라에 이르러서였다.

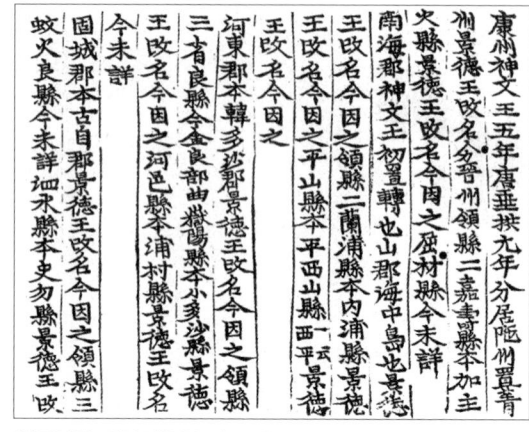

『삼국사기』 지리지의 강주에 관한 기록

   진주의 연혁에 대한 가장 오래된 기록인 삼국사기 지리지에는 진주의 옛 이름인 강주(康州)에 대하여, "신문왕 5년(685)에 '거타주(居陁州)'를 나누어 '청주(菁州)'를 설치하였고 경덕왕이 이름을 강주로 고쳤는데 지금의 진주이다."라고 하는 기록이 있다. 그리고 고려사 지리지에는, "진주목은 본래 백제 거열성(일명 거타)을 신라 문무왕 2년에 취하여 주를 두었고 신문왕 4년에 거타주를 나누어 청주 총관을 두었으며 경덕왕 때 고쳐 강주라 하였다."라고 하여 좀 더 자세한 기록이 보인다. 이에 따르면 진주는 과거 백제의 영역에 들었던 거열성에 그 연혁이 연결되는 셈인데, 이 백제 거열성은 신라가 문무왕 2년에 이르러서야 차지했던 것이다.

신라는 거열성을 확보하면서 이곳을 주치(州治: 州의 행정 관청 소재지)로 하여 거타주라는 주를 설치하였다. 거열성을 주치로 하는 거타주는 그 관할 영역이 옛 가야 지역의 대부분을 포함하는 넓은 영역이었다. 그런 거타주가 신문왕 4년에 다시 두 개의 주로 나뉘면서, 그 가운데 한 주를 '청주(菁州)'라고 하게 되는데, 진주의 연혁은 바로 이때 생겨난 청주에 비롯된다는 것이다.

한편 거열 혹은 거타라는 지명은 거창현의 연혁에 대한 언급에도 보인다. 즉 삼국사기 지리지에 "거창현은 본래 신라의 거열군(일명 거타)이었는데 경덕왕 때 지금의 이름(거창)으로 고쳤다"라고 하였고, 같은 내용은 고려사 지리지에도 보인다. 이로써 보면 '거열(일명 거타)'이라는 지명은 진주와 거창의 연혁에 다 같이 연결되는 셈이다. 이는 원래 신라가 문무왕 2년에 거열성을 차지하여 설치하게 된 거타주가 오늘날의 진수와 그 주변 지역, 그리고 거창과 그 주변 지역을 포함하는 상당히 넓은 관할 영역에 걸쳐있었던 데서 말미암는 것이다. 이러한 넓은 거열주 영역을 신문왕 4년에 둘로 나누면서 그 한 영역은 거타주라는 이름을 그대로 쓰고 다른 한 곳은 청주라는 새로운 이름으로 부르게 되었던 것으로 해석된다. 거창의 연혁이 본래 신라의 거열군이라고 하는 것은 둘로 분할되기 이전 거타주의 치소(治所;행정 관청 소재지)가

오늘날의 거창 지역에 있었던 때문으로 보인다. 그리고 거타주를 둘로 나누면서 새로 생겨난 청주는 그 치소를 진주에 두었던 것이라 하겠다.

거타주가 분할된 1년 뒤인 신문왕 5년에 신라는 전국을 행정상 아홉 곳의 주(州)로 크게 구획하여 지방을 통치하는 제도를 시행하게 되었으며, 이때 청주가 9주의 하나로 정해졌다. 이렇게 통일신라시대에 9주의 하나로 청주가 정해지고 그 주치를 진주 지역에 두게 되면서 이후 진주는 오늘날 경상도 지역의 행정 중심지로 발전하게 되었던 것이다. 그러므로 신문왕 4년 청주의 설치와 이듬해 신문왕 5년의 9주의 정비는 진주가 경상도의 큰 고을로 발전하는 데 있어서 획기적인 조치라 아니할 수 없다.

신문왕 5년에 정비한 통일신라의 9주는 처음에는 일선주, 삽량주, 청주, 한산주, 수약주, 하서주, 사비주, 완산주, 발라주의 아홉 곳이었다. 이 가운데 몇몇 주는 주치를 옮기게 되면서 신문왕 7년에 이르면 9주는 사벌주(경북 상주), 삽량주(경남 양산), 청주(경남 진주), 한산주(경기 하남), 수약주(강원 춘천), 하서주(강원 강릉), 웅천주(충남 공주), 완산주(전북 전주), 무진주(전남 광주)로 새롭게 꾸려졌다. 그리고 9주를 비롯한 신라의 전국 고을 이름이 경덕왕 16년(757)에 당나라를 본떠 크게 한번 바뀌게 되면서 청주는 강주로 이름이 바뀌었다. 그 뒤 혜공왕 12년(776)에 다시 이전의 청주라는 이름으로 돌아와 상당 기간 쓰이다가 고려 건국 뒤에 다시 강주로 바뀌었다.

이처럼 진주는 통일을 이룩한 신라 왕조가 새로운 지방 지배 체제를 정비하는 과정에서 9주의 한 주치로 자리 잡은 이후 다른 주에서의 주치의 이동과는 상관없이 줄곧 그 지위를 유지함으로써 통일신라시대 전 시기를 통해 지방 행정의 중심지로 확고한 자리를 차지하게 되었다.

통일신라시대의 9주는 오늘날의 도에 해당하는 정도의 넓은 행정상의 영역을 뜻하는 동시에 이 넓은 영역을 관할하는 주청사가 위치한 고을을 지칭하기도 하였다. 따라서 광역 주라는 의미에서의 주에는 관할 영역 내부에 주의 치소가 있었던 한 곳의 주를 중심으로 해서 여러 개의 군(郡)과 소경(小京) 등 중간 단위의 행정 구역이

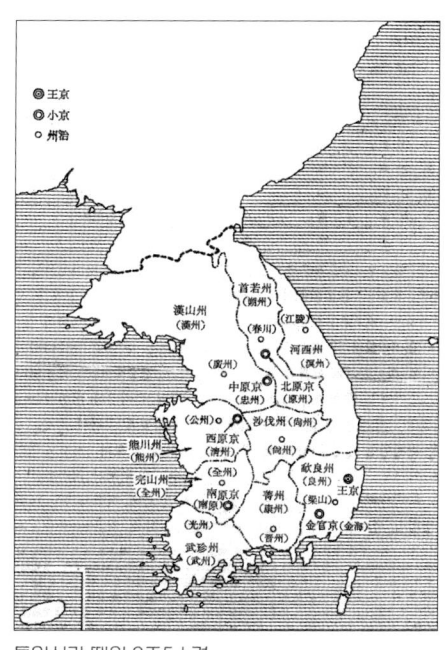

통일신라 때의 9주5소경

있었으며, 이들 주, 군, 소경은 다시 몇 개의 현을 관할하였다. 이렇게 9주를 중심으로 전국의 지방을 행정적으로 조직하고 편성하여 다스리는 것이 통일 이후 신라 왕조의 지방 통치 방식이었다. 그 결과 통일신라에 이르면 고을과 고을 사이에는 행정 조직 상으로 위계 질서가 뚜렷이 나타나게 된다. 당시 강주의 관할 영역에는 한 곳의 주, 열한 곳의 군, 서른 곳의 현, 도합 마흔두 곳의 고을이 속해 있었다. 강주는 이들 마흔두 곳의 고을을 관할하는 고을로서 지방 행정상 가장 높은 자리를 차지하고 있었던 것이다. 이를 표로 나타내면 다음과 같다.

표1 통일신라시대 강주 관내의 주·군(州·郡)과 관할 현(縣)(경덕왕 16년)

주·군(州·郡)	현(縣)
강주(康州)	가수현(嘉壽縣)·굴촌현(屈村縣)
남해군(南海郡)	난포현, 군군 난포현(蘭浦縣)·평산현(平山縣)
하동군(河東郡)	성량현(省良縣)·악양현(岳陽縣)·하읍현(河邑縣)
고성군(固城郡)	문화량현(蚊火良縣)·사수현(泗水縣)·상선현(尙善縣)
함안군(咸安郡)	현무현(玄武縣)·의령현(宜寧縣)
거제군(巨濟郡)	아주현(鵝洲縣)·명진현(溟珍縣)·남수현(南垂縣)
궐성군(闕城郡)	단읍현(丹邑縣)·산음현(山陰縣)
천령군(天嶺郡)	운봉현(雲峯縣)·이안현(利安縣)
거창군(居昌郡)	여선현(餘善縣)·함음현(咸陰縣)
고령군(高靈郡)	야로현(冶爐縣)·신복현(新復縣)
강양군(江陽郡)	삼기현(三岐縣)·팔계현(八谿縣)·의상현(宜桑縣)
성산군(星山郡)	수동현(壽同縣)·계자현(谿子縣)·신안현(新安縣)·도산현(都山縣)

표에 나타나듯이 강주는 가수현과 굴촌현을 직속 현으로 두면서 남해군을 비롯한 11개 군을 관할하는 오늘날의 경상남북도 일대까지 걸친 42개 고을의 행정 중심지였다. 주에는 총관 혹은 도독이라 불리는 최고의 지방 장관을 두었고 주성(州城)이 축조되었다. 주사(州司)로 불리는 주의 청사에는 지방관인 도독을 비롯해서 주조(州助), 장사(長史)라는 관리를 각기 한 사람씩 두었고, 감찰관으로 외사정(外司正) 두 사람이 배속되었으며, '비금당', '만보당', '사자금당'과 같은 군부대가 배치되었다. 군부대의 군관과 병졸은 관아 주변과 주위의 산성에 주둔하면서 주사와 주성을 방위하고 도둑을 잡거나 반란을 진압하는 등 치안을 유지하는 역할을 수행하였다.

신라시대의 주는 원래 군사적인 성격이 강했기 때문에 그 장관을 군주(軍主)라고 일컬었으나, 무열왕 때 이를 중국식으로 고쳐서 도독이라 불렀고, 신문왕 때에는 총관으로 고쳐 불렀다. 주 장관의 명칭이 이렇게 바뀌게 된 것은 지방 장관의 역할과 임무가 군사적 성격으로부터 점차 행정적 성격으로 바뀜에 따라 나타나는 변화이기도 하였다. 총관은 급찬(9관등) 이상 이찬(2관등)까지의 관등을 가진 자가 임명되는 것으로 되어 있어서 육두품(왕족인 성골과 진골 다음의 귀족 신분) 출신도 규정상으로는 임명될 수 있었으나 실제로는 진골이 독점하는 직위였다.

9주와 같은 지방의 정치·행정 중심 고을에는 가까이에 큰 규모의 지방 군단이 배치되기도 하였다. 강주의 경우 현무현(지금의 함안)에 '소삼정'이라는 군대가 배치된 경우가 그러하다. 이 밖에 강주에는 '만보당'이라는 보병 부대가 두 개 배치되었고, 또한 '청주서'라고 하는 기병 부대가 배치되었는데, 이 가운데 기병 부대는 9주 가운데 일부 주에만 배치된 것이기도 하였다.

  고대 사회에 있어서 행정·군사 중심지는 발전의 정도에 있어서 주위의 다른 고을과 비교해서 커다란 차이를 보이게 된다. 왕경의 귀족이 총관으로 교대로 부임하고 그에 딸린 관속과 가족이 거주하게 되면서 왕경 문화의 일부가 지방 사회에 이식되는 등 9주의 치소는 지방 문화의 발전에 있어서 중요한 거점지 역할을 맡게 된다. 말하자면 통일신라에 이르러 강주는 이름으로나 실제로나 경상도 지역에서 행정·군사·문화의 중심지로 확고히 자리 잡아 이후 비약적 발전을 거듭할 수 있게 되었던 것이다.

4장
신라 말엽과 고려 초엽의 호족

　우리나라 역사에서 신라 말엽과 고려 초엽의 시기는 나라 곳곳에서 지방 호족(豪族 : 지방에서 세력을 떨치는 집안)이 일어나 날뛰는 커다란 혼란기였다. 신라는 8세기 후반기부터 진골 중심의 귀족 사회가 사치와 부패에 빠지게 되어 안으로는 중앙의 진골 귀족 사이에 왕위 쟁탈전이 격심하게 전개되고, 밖으로는 김헌창·김범문·장보고와 같은 불평 귀족과 군진 세력의 반란이 속출하면서 지배 계급의 분열과 대립이 격화되었다. 한편 지방에서는 중앙 정권에서 떨어져 나온 귀족이나 지방의 세력가들이 불교 사원, 해외 무역, 군진 세력 등을 배경으로 지방에서 세력을 구축하여 거의 독립적인 세력을 형성하고 있었다. 이러한 현상은 진성여왕 이후 급속히 확대되어 신라는 전국적이고 항구적인 내란의 도가니 속으로 휩쓸려 들어가기에 이르렀다.

이처럼 신라 말엽과 고려 초엽에는 전국 각지에서 호족들이 난립하는 시대였으나 이런 가운데서도 강력한 대호족이 등장하는 곳은 대개 아홉 주와 다섯 소경 지역이었다. 아홉 주와 다섯 소경의 치소에는 경주에서 이주해 온 중앙 귀족이 많이 살았을 뿐만 아니라, 일찍이 정치·군사·행정의 중심지로 발전하면서 많은 인구가 거주하고 풍부한 경제력을 갖추고 있었기 때문이다. 통일신라시대에 큰 고을로 성장하게 된 진주 지역도 이러한 인적·물적 토대를 갖추고 있었으므로 이같은 혼란기에 호족이 성장하고 자립할 수 있는 여건을 갖추고 있었다.

진주 지역의 호족으로 기록상 이름이 드러나는 인물로는 우선 윤웅(閏雄)이라는 인물이 있다. 윤웅에 대해서는, "태조 3년(920년) 정월에 강주장군(康州將軍) 윤웅이 그의 아들 일강(一康)을 보내어 인질을 삼게 함으로, 일강에게 아찬을 제수하고 경(卿) 행훈(行訓)의 누이동생을 아내로 삼게 했으며, 낭중(郞中) 춘양(春讓)을 강주에 보내어 그의 귀부(歸附 : 정치권력에 무릎 꿇고 들어와 붙는 것)를 위로하고 회유하였다."하는 기록이 전한다. 강주장군 윤웅이 고려 왕건에게 귀부하게 된 전후 사정은 분명하지 않으나, 이 해는 왕건이 궁예로부터 정권을 인수하여 고려를 건국한 지 2년 뒤였다. 당시 왕건은 전국의 유력한 호족을 포섭하기 위해 고려 국왕으로서의 지위를 스스로 낮추고 상대를 높이는 적극적인 호족 회유 정책을 펼치던 시기였다.

윤웅이라는 인물이 '강주장군'으로 불린다든지, 그가 아들을 인질로 하여 왕건에게 귀부의 뜻을 보인다든지 하는 것으로 보아, 그는 당시 진주에서 상당한 세력 기반을 구축하고 있었던 호족이었음을 알 수 있다. 나말여초의 호족은 대개 스스로를 성주 혹은 장군이라 칭하였으며, 이들은 흔히 중앙 정치 기구를 모방하여 독자적인 지배 기구를 갖추어 지방사회를 사실상 장악하였고, 대호족의 경우 하위의 호족을 지배하기도 하였다. 이들은 신라 정부에 대한 복종과 거부를 마음대로 할 수 있는 위치에 있었으며, 필요하면 언제든지 신라를 배반하고 반란군과 결합할 수 있는 독립적인 세력으로 존재하였으니 윤웅도 바로 이러한 인물이었던 것으로 보인다.

윤웅의 귀부는 고려 건국 이후 왕건과 지방의 유력 호족 간에 이루어진 회유와 귀부의 전형적인 형식을 따른 것이다. 윤웅이 자신의 아들을 보내 인질로 삼게 한 것은 당시 지방 호족이 고려 왕조에 귀부하는 전형적인 형식이었으며, 이에 대해 왕건이 측근 신하의 누이동생을 윤웅의 아들과 결혼시킨다거나, 강주에 신하를 보내어 그의 귀부를 위로하고 회유한 것은 귀부한 호족에 대해 고려 국왕의 전형적인 포섭 형식이었다.

윤웅에 이어 기록에 나타나는 인물로는 왕봉규(王逢規)라는 이가 있다. 그는 고려 건국 직후 고려에 귀부한 윤웅과는 달리 진주 지역을 기반으로 독자적 정치 권력을 구축하려 했던 인물이었던 점에서 주목을 끈다. 기록상 그의 이름이 처음 나타나기는 경명왕 8년(924) 정월

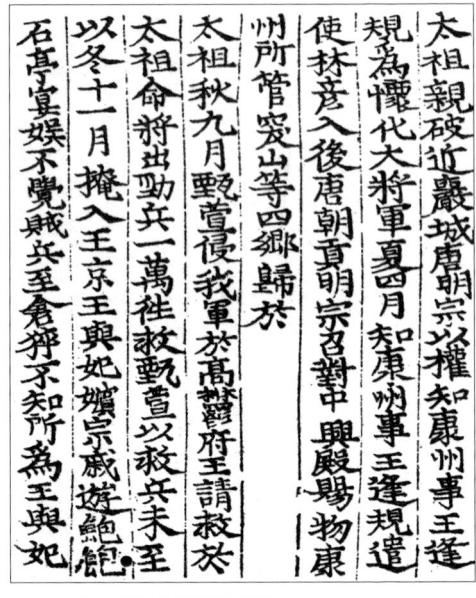

『삼국사기』의 왕봉규에 관한 기록

에 신라에서 후당에 사신을 보내 조공할 때, 그 또한 천주절도사(泉州節度使)라는 직함으로 사신을 보내 토산물을 바쳤다는 것이다. 천주는 당시 강주 관내에 있었던 의령의 옛 이름이며, 절도사는 당시 신라에는 없었던 관직으로 당시 지방 호족들이 '성주' 또는 '장군'으로 자칭한 것과 마찬가지로 독자적 세력을 과시하기 위해 자칭한 것으로 보인다. 원래 절도사는 당으로부터 오대에 걸쳐 지방 요지에 두었던 지방군 사령관으로, 지방의 군권과 정권, 재정권을 장악하여 마침내 독립적

세력으로 지방을 할거하던 존재였다. 당이 멸망하고 5대 10국의 혼란이 일어난 것은 이들 절도사의 발호로 말미암은 것이기도 하였다.

스스로를 천주절도사로 자칭한 것으로 보아 왕봉규는 의령 출신 인물이었거나, 의령 지역을 기반으로 세력을 확대하고 구축한 인물로 보인다. 여하튼 왕봉규에 관한 기록에서 주목을 끄는 것은 그가 사신을 보내 후당에 조공을 하고 있다는 사실이다. 당시 후백제와 고려는 비록 지방 정권이기는 하나 국가 체제를 갖추고 있었으므로 중국과의 국교를 가질 만하였지만, 천주절도사를 자칭하는 일개 지방 세력자가 신라 조정과 어깨를 나란히 하여 후당과 외교 교섭을 행하였다는 것은 주목되는 사실이 아닐 수 없다.

왕봉규가 후당에 사신을 보내 토산물을 바친 3년 뒤인 경애왕 4년(927) 3월에 후당의 명종은 왕봉규를 '회화대장군(懷化大將軍)'으로 삼았다. 이에 왕봉규는 다음달 4월에 임언이라는 인물을 후당에 보내 조공을 하였으며, 후당의 명종은 그가 보낸 사신을 궁전에 불러 접견하고 하사품을 내리기도 하였다. 이때 왕봉규는 종전의 천주절도사에서 '권지강주사(權知康州事)' 또는 '지강주사(知康州事)'로 직함이 바뀌고 있어, 그의 세력이 이즈음 강주 일대에 세력을 떨치는 대호족으로 더욱 성장했던 것으로 보인다.

왕봉규가 후당과 독자적 외교 관계를 맺은 것은 고려 건국 직후 강주장군 윤웅의 귀부와는 다른 노선의 호족 세력의 동향을 보여주는 것이기도 하다. 곧 고려와 후백제가 각축을 벌이는 후삼국 전쟁의 와중에서 진주 지역을 신라, 고려, 후백제의 어느 정권에도 속하지 않는 독자적 세력권으로 구축하려는 기도가 중국과의 외교 교섭으로 전개되었던 것 같다. 한편 당시의 정세로 보아 그의 중국에 대한 외교가 해로를 통해 이루어졌을 것이므로, 그의 세력 기반이 해상 활동을 통해 구축되었음을 짐작하게 한다.

통일신라시대에는 해상 무역이 활발히 전개되었다. 삼국이 통일되면서 각지의 물화가 활발히 유통되어 산업이 발달하고, 당과의 해상 교통이 활발하게 이루어지면서 통일신라는 중국의 발달된 문화와 경제의 영향을 받기에 이른다. 이에 따른 문화생활의 향상과 생활 상태의 변화는 물화에 대한 수요를 크게 증대시켰다. 당시는 조공을 통한 공무역뿐만 아니라 민간의 사사로운 교역이 활발히 이루어졌는데, 사무역은 주로 해안지역의 지방 세력에 의하여 해상무역의 형태로 이루어졌다. 이러한 해상무역은 중앙정부의 지방에 대한 통제력이 약화되는 신라 하대에 이르러 한층 발전하였다. 왕봉규는 이러한 시대적 여건 속에서 해상무역을 통해 경제적 부를 이루어 강주 지역에 막강한 세력을 구축한 인물로 보인다.

왕봉규가 진주 지역을 기반으로 독립적 세력을 구축하기 위해 후당에 사신을 보내는 등의 움직임을 보이는 이 해(927년) 4월에 왕건은 해군장군 영창(英昌)과 능식(能式) 등으로 하여금 수군을 이끌고 강주를 치게 하였다. 이때의 침공으로 강주 관내의 남해군에 있던 전이산·노포·평서산·돌산 등 네 고을이 항복하였으며 많은 인물이 노획되었다. 그리고 몇 달 뒤인 8월에는 왕건이 친히 강주 관내의 한 성을 순행하여 이곳 성주의 항복을 받아내며, 이에 백제에 귀부했던 인근의 여러 성주들이 모두 왕건에 투항하였다. 강주를 기반으로 해상무역을 통해 성장한 대호족 왕봉규는 이때 강주 관내 남해 일대의 중요한 거점 지역이 고려에 항복함으로써 심각한 타격을 입었을 것으로 보이나 그 자세한 사정은 알려지지 않는다.

당시 고려에 귀부한 강주 관할 아래의 상당수 군현 지역은 이후 후백제의 공략을 받아 다시 위험에 처하게 되었다. 고려는 강주를 구원하기 위해 이듬해 1월 원윤 김상(金相), 정조 직량(直良) 등으로 하여금 군사를 보내기도 하였으나 이들 지원군은 초팔성(지금의 합천 초계)을 지나다가 이곳 성주 흥종(興宗)에게 패하였고 이때 김상 등이 전사하기도 하였다. 고려의 외원군 지원이 끊어진 이해 5월에는 강주의 원보 진경(珍景) 등이 양곡을 고자군(지금의 고성)으로 운송한다는 정보가 견훤에게 알려지면서 강주가 습격을 받았다. 진경 등이 돌아온 뒤 이들과 싸웠으나 패하여 죽은 자가 300여 명이나 되자 강주 장군 유문(有

文)은 마침내 견훤에게 항복하였다.

　강주 장군 유문이 견훤에게 항복함으로써 강주 지역은 이후 후백제의 지배하에 들게 되었다. 견훤이 그의 아들을 강주 도독으로 두었을 만큼 후백제는 강주를 고려와의 전쟁 수행 과정에서 군사적으로 중시하였다. 견훤의 둘째 아들 양검(良劍)이 강주 도독으로 있을 당시 견훤의 장남 신검(神劍)은 그의 동생들의 내응을 받아 정변을 일으키기도 하였다(935년). 결국 이들이 왕건에게 항복함으로써(936년) 진주도 마침내 고려에 복속되며 이로써 고려의 후삼국 통일이 온전히 이루어지기도 하였다.

　진주를 기반으로 한 몇몇 호족의 동향을 통해서 볼 때 후삼국 시기 진주 지역은 왕건이 고려를 건국하면서 일찍부터 고려에 귀부했던 지역으로 나타난다. 그 뒤 왕봉규의 중국 외교에서 보듯 한때는 고려나 후백제의 어느 정치 권력에도 속하지 않는 독립적·독자적 세력화의 길을 모색하였던 곳으로 나타난다. 이 때문에 한때 고려의 침공을 받아 고려에 투항하기도 하였으나 대체로 말기에 이르러 후백제의 판도 안에 들었으며, 후백제의 멸망과 함께 마침내 고려에 흡수된 지역으로 나타난다.

5장
진주목 설치

 고려가 후삼국 통일을 이룬 뒤에도 호족 세력이 각 지방을 할거하며 장악하고 있는 상황에서 지방에 대한 중앙의 통치력은 여전히 미약하였다. 고려 왕조는 혜종, 정종을 거쳐 4대 광종에 이르러 일련의 중앙집권화 정책과 호족 세력에 대한 통제 정책을 성공적으로 추진함으로써 지방에 대한 통치 기반을 확립하였다.

 일부 지방에 국한되기는 하였으나, 고려 왕조가 처음으로 지방에 수령을 파견하게 되는 것은 고려 건국 이후 60여 년이 지난 성종 2년(983)에 이르러서였다. 이 해에 우선 전국에서 행정상 중요 거점 지역인 열두 곳 주를 선정하여 이들 열두 주에 동시에 목사(牧使)를 파견

진주목 설치 천년에서 이름을 딴 천수교와 건립기념비

하여 지방 행정을 담당하도록 하였다. 이 때 진주가 이들 열두 주목(州牧) 가운데 하나로 정해짐으로써, 진주 지역은 통일신라시대에 이어 고려시대에도 여전히 지방 행정의 중심지로 자리를 잡게 되었다.

처음 진주 지역에 파견된 목사는 관내의 지방 행정을 담당하는 목민관(수령)이면서 한편으로는 주변의 여러 고을까지를 감독하는 지방 장관과 같은 존재였다. 모든 고을에 지방관을 파견할 수 없었던 당시로서는 전국의 중요한 지방 거점 도시에 지방관을 두어 이를 중심으로 지방을 다스렸던 것이다.

그 후 성종 14년(995)에 이르러 고려 왕조는 전국을 열 개 도로 나누어 일시에 전국에 많은 지방관을 파견하는 획기적인 조치를 감행하게 된다. 이때 종전의 열두 목에는 목사를 대신하여 절도사의 직임을 띤 군정 장관을 파견하여 한때 지방 행정에 군정적 성격이 강화되었다. 이때 강주목은 '진주정해군 절도사'라는 군정 장관에 의해 관할되기도 하였다. 진주라는 지명이 처음 기록에 등장하는 것은 여기에서 비롯된다. 당시 진주는 전국 열 개 도 가운데 하나인 산남도를 관할하는 군사·행정의 중심지가 되어, 진주정해군 절도사가 예하 고을에 배치된 도단련사, 단련사, 자사 등의 군직을 띤 지방관을 관할하였다. 이후 현종 때에 절도사를 없애고 전국의 지방 조직을 민정과 군정이 혼용된 4도호부, 8목의 체제로 정비하게 되면서 진주는 이때 8목의 하나로 지정되어 지금의 서부 경남 일대를 관할하는 행정 중심지로 여전히 자리잡게 된다.

고려 시대에는 모든 고을에 지방관이 파견되지 못하였다. 지방관이 파견된 고을은 '주읍(主邑)'이라 하였고, 지방관이 파견되지 않아 주읍의 관할을 받게 되는 고을은 '속읍(屬邑)'이라 하였다. 또한 여러 주읍 가운데 목이나 도호부와 같이 관품이 높은 목사나 도호부사가 파견되는 큰 고을은 '계수관(界首官)'이라 하여 다른 주읍과 구분하였다. 계수관이란 지방 행정상의 일정한 구획 가운데 가장 으뜸되는 지위에 있는 지방관을 지칭하는 것으로, 말하자면 진주 목사가 진주목계(晉州

牧界)로 표현될 수 있는 서부 경남 일대를 통할하는 계수관이기도 하였다.

진주목계에 속한 주읍으로는 진주목을 비롯해 합주군(합천), 고성현, 남해현, 거제현의 다섯 개 주읍이 있었고, 이들 주읍에는 저마다 여러 속읍이 딸려 있었다. 진주목계 안에 속한 여러 주읍과 여기에 속한 속읍을 표시하면 아래 표와 같다.

표2 고려시대 진주목 관내 군현의 주읍-속읍 관계

계수관	주읍	속읍
진주목	진주목	강성군(江城郡)·하동군·사주현(泗州縣)·악양현·영선현(永善縣)·진해현·곤명현·반성현·의령현 (계: 2군·7현)
	합주군(陜州郡)	가수현(嘉樹縣)·삼기현(三歧縣)·산음현(山陰縣)·단계현(丹溪縣)·가조현(加祚縣)·감음현(感陰縣)·이안현(利安縣)·신번현(新繁縣)·야로현(冶爐縣)·초계현(草溪縣)·거창현(居昌縣)·함양현(含陽縣) (계: 12현)
	고성현	속읍 없음
	남해현	난포현(蘭浦縣)·평산현(平山縣) (계: 2현)
	거제현	아주현(鵝洲縣)·송변현(松邊縣)·명진현(溟珍縣) (계: 3현)

주읍에 비해 속읍은 지역 발전이 더딜 수밖에 없었고 속읍 주민의 사회경제적 처지 또한 주읍에 비해 열악할 수밖에 없었다. 진주목계에 속한 여러 고을을 두고 볼 때, 진주는 경상도 지역의 한 계수관으로서 여전히 큰 고을로 성장 발전할 수 있었고, 합천, 고성, 남해, 거제

등지도 일찍이 지방관이 파견되어 주변 고을에 비해 지역 발전이 촉진되었던 반면에, 나머지 고을들은 이들 몇몇 주읍의 관할을 받는 처지에 있어 지역 발전이 어려웠다고 할 수 있다.

고려 시대에 있어서 여러 고을 사이의 이러한 주읍과 속읍 관계는 신라말, 고려초에 있어서 여러 지방 호족 사이의 세력 판도와 연관이 깊다. 곧 당시 여러 지방의 호족 사이에 성립한 상하 관계나 주속 관계가 지방 제도를 정비할 때에 고을 상호 간의 주속 관계로 전환한 것이다. 말하자면 주읍과 속읍은 단순히 행정상의 위계에서만이 아니라, 그들 고을을 지배하던 호족들 사이의 세력 관계 또는 신분 서열 관계를 보여주는 것이라고 할 수 있다.

진주목은 고려 전기에 두 곳의 군과 일곱의 현을 속읍으로 두었다가 명종 때에 하동군과 사주현에 감무(최하급의 지방관)가 설치되어 주읍인 진주목의 관할에서 벗어나게 된다. 공양왕 2년에는 강성군과 의령현, 진해현에서도 역시 감무가 설치됨으로써 진주목의 관할 구역은 크게 축소되어 고려말에 이르러서는 진주목 관내에 악양, 영선, 곤명, 반성의 네 개 속읍만이 남게 되었다.

속읍이었던 지역에 감무가 파견되는 것은 중앙의 정치적 환경과 밀접한 관련이 있었다. 종래 속읍이었던 곳이 주읍의 관할로부터 벗어나게 되는 것은 최씨 무신정권 시대와 고려말 공양왕 때에 활발히 진행되었다. 무신정권은 하급 무인들을 포섭하기 위한 수단으로 이들을 여러 속읍에 외관으로 파견하였으며, 또한 이성계를 중심으로 신진 사대부 세력이 정권을 장악하면서 논공행상이나 자신들의 세력 확장을 위해 지방관을 증설하였던 것이다.

『고려사』 지리지의 진주목에 관한 기록

고려 때에는 일반 군현과 별도로 향(鄕)·부곡(部曲)·소(所) 등의 특수 행정 구역이 있었다. 진주목 관내에 있었던 향·부곡·소로는 가차례(加次禮)·어아(於牙)·침곡(針谷)·율곡(栗谷)·부곡(釜谷)·인담(鱗潭)·송자(松慈)·월아(月牙)·대야천(大也川)·살천(薩川)·화개(花開)의 11개부곡과, 송곡(松谷)과 복산(福山)의 두 개 향, 벌대(伐大)·수곡(水谷)·화곡(火谷)·대곡(大谷)·수대곡(水大谷)·갈곡(葛谷)의 여섯 개 소가 확인된다.

향과 부곡의 주민들은 주로 농경에 종사하여 생계를 유지하면서 국가에 대하여 일반 촌락의 주민과는 다른 공과(公課)나 공역(公役)을 따로 부담하였다. 소의 주민들은 금, 은, 동, 철, 종이, 먹, 도자기 따위 국가에서 필요로 하는 특정의 공납품을 만들어 바치면서 집단으로 거주하였다. 고려 왕조 때는 이들 향·부곡과 소의 주민들에 대해서는 국학(國學)에의 입학이나 과거의 응시를 금하는 등 일반 주민과 차별하였다. 부곡이나 소는 전쟁 포로의 집단적 수용지였거나, 또는 본디 군·현이었던 곳이 반역과 같은 중대한 범죄를 저지름으로 인해 지역주민 전체를 특별히 집단적으로 관리할 필요에서 발생된 것으로 이해되기도 한다.

향과 부곡은 신라시대부터 이미 존재하였고, 소는 고려에 들어와 발생하였다. 이들은 고려 시대를 통하여 전국적으로 존재하였지만, 후기로 갈수록 점차 소멸되는 추세를 보였다. 고려조에 진주에 있었던 이들 향·부곡·소는 조선 시대에 이르러 거의 모두 일반 촌락으로 전환되어 없어지지만, 이 가운데 지금의 산청군에 속한 살천부곡과 하동군에 속한 화개부곡은 조선 초기까지도 일반 촌락으로 전환되지 못한 상태로 오랫동안 행정상 특수 지역으로 남아 있었다.

6장
토박이 성씨와 인물

　우리나라에서 중국처럼 한자로 성을 쓰는 풍속은 왕실로부터 시작해서 중앙 귀족, 지방 호족, 양민, 천민의 차례로 퍼져나갔다. 7세기 후반부터 신라와 당나라 사이에 문물 교류가 활발해지면서 진골과 육두품 계층이 점차 한자로 성을 쓰기 시작하였으며, 통일신라에 이르러 아홉 주와 다섯 소경에 서라벌의 귀족이 이주하게 되면서 한자 성을 가진 중앙의 귀족과 관료가 전국적으로 확산되었다. 후삼국 시대에 이르면 각지의 지방 호족들도 성씨를 쓰게 되었다. 고려 초기에는 성씨를 가진 이들 유력한 씨족들이 고을을 실질적으로 지배하기도 하였다.

스스로 송악 지방 호족 출신이면서 전국 각지 호족들의 지지를 받아 후삼국 통일을 이루어낸 고려 태조는 통일 이후 여러 고을의 유력한 성씨 집단으로 하여금 소재지 고을의 지방 행정을 담당토록 하였다. 이렇게 해서 고려 왕조에는 지방의 읍사(邑司)에 참여하여 지방 행정을 담당하게 된 성씨 집단이 고을마다 있게 되는데 토성(토박이성)이란 여기서 유래한 것이다. 고려시

『세종실록』 지리지의 진주목에 관한 기록

대에 지방 행정을 담당한 향리들은 모두 이들 토성에서 나왔으며, 중앙 관료로 진출한 지방 출신 인물들도 거개가 토성 출신이었다.

진주 지역의 유력한 성씨 집단은 처음 강(姜)·하(河)·정(鄭)·소(蘇)의 네 성이었으며, 뒤이어 유(柳)·임(任)·강(康)의 세 성이 여기에 보태어졌

다. 『세종실록』 지리지에는 진주를 본관으로 하는 성씨 가운데 강·하·정·소의 네 성은 토성이며, 유·임·강의 세 성은 주(州)가 성립한 뒤에 나타난 성씨로 표현되고 있는 것이다. 여기서 말하는 주가 성립된 시기란 고려 태조가 후백제를 통합한 다음 고을 이름을 강주로 고쳤던 태조 23년(940) 무렵을 뜻하는 것으로 본다. 강·하·정·소의 네 성과 유·임·강의 세 성이 이렇게 시기적으로 앞뒤를 보이게 되는 것은, 네 개 토성은 진주의 중심지인 읍내에 일찍부터 토착했던 성씨 집단이었고 나머지 세 성은 읍치 주위의 인접 지역에 토착했던 성씨 집단으로 진주가 큰 고을로 발전하면서 확대된 행정 업무로 말미암아 뒤늦게 읍사에 참여하게 되었던 때문으로 보인다.

진주의 유력 씨족들은 후삼국의 혼란기에 왕건과 견훤 사이를 왕래하면서 시대의 흐름에 부단히 적응하였다. 고려 초기에는 하공진·강민첨 같은 인물을 배출하였으나 고려 중기에는 다소 침체하였다. 진주 토성들이 중앙에 크게 신출할 수 있었던 것은 최씨 무신 집정 시기를 계기로 해서였다. 최충헌의 외가가 진주 유씨였으며, 이로 말미암아 진주는 그의 식읍이 되었고, 최씨 부자가 임금에게서 받은 읍호도 진강공(晉康公)이었다. 이리하여 최씨 정권 아래 유씨 일문에서 중앙에 진출하여 벼슬하는 사람이 많이 나왔고, 이때부터 진주의 다른 토성들도 활발히 중앙 관료로 진출하였다.

강씨는 후대 족보에서 강민첨을 시조로 하는 계열과 중국에서 건너왔다는 강이식 계열로 구분되지만 원래 진주 강씨는 진주의 토성 이족(吏族 : 행정 실무를 담당하는 씨족)에서 분화되었다. 진주 강씨 가운데 최고의 문벌을 자랑하는 강시(姜蓍)의 후손들도 모두 고려 후기 호장의 아

강민첨 영정(보물 제 588호)

들로서 장원급제한 강창서를 선조로 삼고 있기 때문이다. 강창서의 자손은 족세가 번창하여 조선 초에는 훈구세력으로 발전하였다.

　진주 강씨의 시조격인 강민첨은 거란 방어에 큰 공을 세워 고관이 되고 공신에 봉해졌다. 진주가 목으로 승격하였던 것이 그의 공덕 때문인 것으로 전해지기도 하며, 진주에서는 그를 제사하는 사당을 '주사(州司)'에 세우고 해마다 본 고을의 호장(戶長)이 고을 사람들을 인솔하고 제사를 봉행하였다. 고려시대에는 토성 인물 가운데 본 고을에

하공진을 제향하는 경절사

공덕을 끼친 인물을 그 지방의 수호신으로 받들어 토성 호장으로 하여금 이를 주제하도록 하는 관습이 있었기 때문이다.

하씨는 하공진의 벼슬 진출로 분화되어 그의 자손은 중앙 관인이 되었고, 재지 세력은 이족으로 내려오다가 여말에 다시 사족과 이족으로 분화되어 갔다. 하공진의 후예는 공음으로 관인 신분을 이어갈 수 있었으나 그 족세는 미약하였고 그 대신 재지 세력에서 하윤·하연·하경복 등의 선대 가문에서 고려말 조선초에 걸쳐 많은 인물이 배출

되었다.

 정씨는 크게 여섯 파로 갈라지는데 그 여섯 계파가 모두 진주 이족에서 나왔다. 정씨도 하씨·강씨와 같이 고려 시대를 통하여 여러 인물이 차례로 중앙에 진출하여 벼슬하였다. 인종 때 정지원이 개경에 유학하여 과거에 합격하고 벼슬길에 올랐으며, 뒤따라 정발과 정척 가문이 여말 선초에 걸쳐 차례로 이족에서 사족(士族: 중앙에서 벼슬하는 집안)으로 성장해 갔다. 진주의 이족 가운데 정씨의 위세가 얼마나 강했는가는 『고려사』의 정방의 전에 잘 나타나고 있다. 고려 신종 때 진주 향리 정방의가 족당을 동원하여 관가에 대항하고 한때 고을을 휘저어도 지방관이 다만 두 손을 놓고 바라볼 뿐이었다고 한다. 그의 반란은 나중에 토평되지만 이를 통하여 당시 진주 이족들의 강성했던 세력을 엿볼 수 있다.

 진주를 본관으로 하는 일곱 성씨 가운데 강(姜)·하·정·유씨는 번성하여 재경 관인과 재지 세력이 다같이 강성하였으나 소씨와 임씨, 강(康)씨는 족세가 미약하였다. 조선 성종 때에 편찬한 『동국여지승람』에는 진주 출신 고려조의 '인물'로 진주 강씨 인물이 다섯 사람(강민첨·강창서·강인문·강시·강회백), 진주 하씨 인물이 네 사람(하공진·하을지·하즙·하윤원), 진주 정씨 인물이 한 사람(정을보), 모두 열 사람으로 나타난다. 이들 가운데 하공진과 강민첨, 강회백 세 사람은 『고려사』에 전기가 실린 인물이기도 하므로 아래에 간략히 소개해 둔다.

하공진(?~1011)은 고려 전기의 문신이다. 성종 13년(994)에 압강도구당사(鴨江渡勾當使), 목종 때 중랑장, 얼마 뒤 상서좌사낭중(尙書左司郎中)의 벼슬을 거쳤다. 현종 1년(1010)에 동서계에 있을 때 임의로 군대를 동원하여 동여진의 촌락을 치다가 패한 일이 드러나 유배를 당하였다. 이해 거란 성종이 목종을 시해한 강조의 죄를 묻는다는 구실로 고려에 침입하자 유배에서 풀려났다. 그는 호부원외랑(戶部員外郎) 고영기(高英起)와 함께 군사 20여 명을 거느리고 남쪽으로 피난하던 현종을 뒤따라가 양주에서 거란군의 철수 교섭을 자청, 국왕의 사절로 거란 성종을 만나 군대를 철수시키는 데 공을 세웠다. 이때 고영기와 함께 거란에 볼모로 잡혀가 거란왕에게 신임을 받았으나, 탈출을 꾀하다가 실패하여 연경으로 옮겨져 양가의 딸을 아내로 맞아 살면서 철저한 감시를 받게 되었다. 평소 저자에서 준마를 많이 사서 고려로 가는 길에 배치하여 두고 귀국을 꾀하다가 탄로가 나 거란 왕의 국문을 받게 되었다. 온갖 악형과 회유에도 불구하고 절개를 지키다가 마침내 죽임을 당하였으며, 죽은 뒤 상서공부시랑(尙書工部侍郎)에 추증되었다. 그의 파란만장한 일생은 고려조에 '하공진 놀이'라는 궁중 연회로 전해지기도 하였다.

강민첨(?~1021)은 목종 때 문과에 급제하였으나 슬기가 있고 용감하여 주로 전공을 통하여 입신하였다. 현종 3년(1012) 5월에 동여진이 영일과 청하 등지에 쳐들어오자 안찰사로서 주군의 병사를 독려하여 격퇴하였다. 현종 9년(1018)에 거란의 소배압이 십만의 군사를 이끌고 침입하자 평장사 강감찬의 부장으로 출전하여 흥화진에서 적을 대파하였다. 패배한 소배압의 군사가 개경으로 쳐들어오자 다시 이를 추격하여 자주(慈州)에서 대승을 거두었다. 이때의 공으로 응양상장군주국이 되고, 곧이어 우산기상시(右散騎常侍)에 올라 추성치리익대공신(推誠致理翊戴功臣)에 녹훈되었으며, 이듬해 지중추사 병부상서가 되었다. 죽은 뒤에 사흘 동안 조회를 하지 않았으며, 태자태부로 추증되었고 문종 때 공신각에 올랐다.

강회백(1359~1402)은 문하찬성사 강시(姜蓍)의 아들로 공양왕의 사위가 된 강회계의 동생이다. 우왕 2년(1376)에 문과에 급제하여 성균좨주, 밀직부사 등 여러 관직을 거쳤으며 창왕을 폐하는 데 공이 있어 공양왕 즉위 뒤에 추충협보공신(推忠協輔功臣)의 호를 받았다. 이 해에 조준 등과 함께 세자사부에 임명되었으나 나이가 어리다는 이유로 사퇴하였다. 이때 불교의 폐해를 논하고 한양 천도를 중지하도록 요청했던 장문의 상소가 『고려사』에 전한다. 정몽주의 사주를 받아 간관 김진양 등이 조준·정도전 등을 탄핵할 때 이에 동조하여 대관을 거느리고 상소하였다가 정몽주가 살해당하자 진주에 유배되었다. 조선 건국 뒤에 동북면도순문사(東北面都巡問使)가 되었으며, 문집으로 『통정집』이 있다.

7장
정방의의 난

 진주 지역은 한때 향리 정방의(鄭方義)로 대표되는 토호 세력에 의해 일 년 넘도록 오랜 기간을 장악당하여 국가 공권력이 이를 진정시키지 못할 정도로 일종의 무법천지가 되었던 시기가 있었다. 이 같은 사태는 무신 정권 시대에 전국적으로 일어났던 민란이 진주에서도 일어나는 과정에서 비롯된 것인데 이를 정방의의 난이라고 한다. 정방의의 난은 당시 진주 지역의 상황과 진주 지역 토호들의 강성했던 세력을 이해하는 데 좋은 사례가 된다. 사건의 발단과 경과는 다음과 같다.
 무신 최충헌 집권 시기인 신종 3년(1200)에 진주에서는 공·사 노비들이 무리를 이루어서 난동을 일으켜 고을 향리의 집 쉰여 채를 불사르는 사건이 일어났다. 이는 곧 목사에게 보고되어 난동을 일으킨 노비들은 체포되었다. 이때 정방의의 집도 불에 타게 되었는데, 사태가 진정될 즈음 정방의가 무장을 한 채로 사록(司祿) 전수룡을 찾아간 일이 문제가 되었다. 그에게 반란의 혐의가 있다고 하여 체포하여 투옥하였는데, 국문을 앞두고 정방의의 아우가 그의 형을 옥에서 빼낸 다음 많은 무리를 모아 고을 안을 휘저어 다니며 평소 원한이 있는 자를 모조리 죽였다. 이때 죽임을 당한 사람이 육천 수백 명에 이르렀다고 한다. 난동을 일으킨 무리는 관아를 점령하고 목사를 위협해 공무를 보게 하는 한편 읍내의 많은 재물을 모아 조정의 권력자에게 뇌물을 써서 난동의 책임을 모면하려 하였다. 중앙에 사실이 알려지면서 당시 진주 인근 고을을 순행하던 안찰부사가 진주에 이르러 진상 조사를 하였으나 공포에 질린 주민들은 정방의에게 죄가 없다고 거짓 진술하여 결국 진주 목사만이 연루되어 유배되었다. 이후에도 사건의 실상과 사태의 심각성이 중앙에 알려져 재차 관리가 파견되었으나 정방의가 군사를 훈련하고 살생을 마음대로 하는데도 아무런 조처를 취하지 못하였다.

   정방의 일당의 폭압은 결국 관변 측의 개입이나 진압에 의해서가 아니라 진주 주민에 의해 수습되었다. 처음에는 정방의와 틈이 있는 자

『고려사』, 열전의 정방의에 대한 기록

들이 주동이 되어 당시 인근 합주(오늘의 합천)의 반란 세력과 연결하여 정방의 일당을 제거하려 하였다. 그러나 이들 두 세력의 무력 충돌은 정방의 일당에 의해 이들이 모조리 죽임을 당하는 것으로 끝났다. 이후의 사태는 추이가 분명하지 않으나 이듬해에 진주 주민들이 정방의를 쳐서 죽여 진주성을 점거하게 되고, 이에 정방의의 아우 정창대가 이백 여 명의 무리를 이끌고 전주성에 침투하려는 것도 진주 주민이 진압함으로써 사태가 마침내 진정되었다.

신종 3년(1200) 진주에서 일어난 정방의의 난동 사태에서 주목되는 것은, 난동의 시작이 진주의 공·사 노비들이 봉기하여 고을 향리들의 집을 불사르는 사건에서 발단이 되었다는 점, 사태의 수습과 진상 조사 국면에서 정방의 일당이 무리를 모아 평소 원한이 있는 자를 모조리 죽이고 이로써 진주 고을을 장악하게 되었다는 점, 이에 대해 정방의와 틈이 있는 자들이 주동이 되어 인근의 반란 세력을 끌어들여 이들 정방의 일당에 대항하려 하였다는 점, 사태가 관변의 개입에 의해 진압되지 못하고 결국에는 진주 주민에 의해 수습되었다는 점 등이다.

정방의의 난이 공·사 노비들이 고을 향리의 집 쉰 여 채를 불사르는 사건에서 발단되었던 것에서 당시 하층 민중의 일차적인 공격 대상이 향리였음이 드러난다. 향리는 수령을 도와 징세나 조역과 같은 지방 행정의 실무를 직접 담당하는 하급 관리였다. 무신 정권이 일어난 뒤로 국가의 통치 기강이 무너지면서 중앙의 지방에 대한 통제력이 약화됨에 따라 이를 기화로 향리들은 백성들을 가혹하게 수탈하였다. 진주 지역에서 공·사 노비가 봉기하여 시도한 첫 번째 행동이 향리들을 죽이고 그들의 집을 불태운 것은 이 때문이었다.

한편 정방의 일당이 무리를 모아 평소 원한이 있는 자를 모조리 제거하려 하였다거나, 이에 정방의와 틈이 있는 자들이 주동이 되어 인근의 반란 세력을 끌어들여 정방의 일당에 대항하려 하였다는 사실에서, 당시 진주 지역 토호 세력 간에 내부적으로 심각한 알력과 긴장 관계가 있었던 것을 알 수 있다. 알력 관계의 양상이 어떠했는지는 정확히 알 수 없으나 정방의로 대표되는 정씨 일문이 이러한 알력 관계의 한 축에 섰던 것은 짐작할 수 있다. 당시 강·하·정·소·유·임·강의 진주 지역 토성 일곱 사이에 분열과 알력이 있었다면 이는 당시 무신 최고 집정자인 최충헌의 외가가 유씨였던 것과도 관련이 있었을 가능성이 있다. 무신정권 시대라는 새로운 정치적 환경과 최충헌의 외가가 진주였다는 사실이 진주 지역의 토호 세력 간에 분열과 알력을 조성하였고, 이는 공·사 노비에 의해 고을 향리의 집 수십 채를 방화하는 사건을 계기로 걷잡을 수 없는 상황으로 치닫게 하였을 수도 있다.

정방의의 난이 진정된 다음 진주 지역은 안정을 되찾았던 것으로 보인다. 이는 난이 평정된 3년 뒤에 진주가 당시 무신 최고 집정자인 최충헌의 식읍이 되었던 데서 알 수 있다. 희종 1년에 최충헌에게 내장전 백 결을 하사하는 한편, 그를 진강군으로 봉하고 식읍 이천 호에 식실봉(食實封:임금이 왕족이나 공신 등에게 직접 조세를 받아쓰도록 떼어 준 일정한 지역의 민가) 삼백 호를 내렸다. 이듬해에 최충헌을 다시 진강후(晉康侯)로 봉하고 흥녕부라는 관부를 세워 소속 관원을 두고 여기에 흥덕궁을 소속시켰다. 흥녕부는 뒤에 진강부로 고쳐졌다가, 최충헌의 아들 최우를 진양후로 삼으면서 진양부라고 하였다. 이렇듯 최충헌 부자로 이어지는 흥녕부, 진강부, 진양부라는 최씨 무인 정권의 막부는 명칭으로 보아 막대한 재정상의 경비를 식읍지인 진주에서 충당하였을 것으로 보인다.

식읍이란 일정한 읍락을 단위로 조세나 요역(徭役: 국가가 무상으로 부과하는 노동력) 같은 수취 항목 전반을 징수할 수 있는 경제적 지배권이 허락된 곳으로 식읍주는 식읍호로 책정된 식읍민을 경제적으로 지배하고 수취할 수 있었다. 식읍호에서 세금을 거두는 방식은 국가 기관을 거치지 않고 식읍주가 직접 징수하는 형식을 취하였다. 물론 행정상 해당 고을의 관청에서는 식읍주의 조세 수취에 협조함과 아울러 그 물량을 감독하는 따위 수납 과정에 직접 간접으로 협력하였다. 식읍에서 들어오는 수입은 일반 수세지에서 들어오는 수입보다 물량 면에서 많았으며, 이러한 수입을 바탕으로 소유지를 확대하고 다량의 노비를 확보하는 것도 가능하였다.

최충헌 집권 때에 식읍 삼천 호, 식실봉 삼백 호로 정해졌던 지급 액수는 최씨 막부의 설치와 추가적인 봉작이 이어지면서 그 액수가 증가되긴 하였으나 진주 지역 안의 일부 민호를 대상으로 한 것이었다. 그러나 최우 대에 이르면 진주의 모든 지역이 최우의 식읍으로 지정되었던 것으로 나타나며 이에 따라 그 사적인 지배력이 고을 전체에 관철되었던 것으로 보인다. 권세가의 식읍에서 이루어지는 구체적인 경제적 지배의 실상이나 식읍 주민의 경제적 사정이 어떠했는지는 정확히 알려져 있지 않다. 다만 고려 중기 이후 침체되었던 진주 출신 인물의 중앙 진출이 무신 집권 이후 활발히 이루어지는 것에서 보면 최씨 집권 시기 이래 토착 세력의 진출에는 어느 정도 유리한 여건이 조성되었던 것으로 보인다.

진주는 고려시대 8목의 하나로 발전하면서 경상도 지역에서 행정적으로 중심적인 위치에 있었을 뿐 아니라 우리나라에서 손꼽히는 곡창지대로 농업 생산량이 비교적 풍부하였다. 이 때문에 지방관들이 수탈을 자행할 수 있는 소지가 그만큼 많았으며, 또한 토호들의 세력이 강성하여 하층민의 피해 또한 다른 지역에 견주어 심했던 것으로 보인다. 이러한 사정은 정방의의 난 이전부터 진주에서 민중의 소요가 흔히 발생하였던 것에서 짐작할 수 있다. 곧 명종 16년에도 진주 목사가 백성들을 침탈하므로 농민들이 견디지 못하고 반란을 도모했던 사실이 있다. 이때는 정부가 이를 일찌감치 목사를 유배함으로써 쉽사리 무마될 수 있었으나 정방의의 난과 더불어 진주 지역 백성의 처지나 동향을 이해하는데 있어서 주목되는 또 다른 사례라 할 것이다.

8장
조선 전기의 진주목

　조선시대에 이르러 진주는 태조 계비 강(康)씨의 내향이라 하여 한때 진양대도호부로 승격된 적이 있으나 고려조에 이어 조선시대 거의 모든 시기를 통해서 목사가 부임하여 지방 행정을 담당하는 지역으로 줄곧 발전하였다.

　조선시대의 지방 행정 구역은 고을의 규모에 따라 목·부·군·현으로 구획하여 행정상의 지위를 구분하였고, 거기에 상응하여 최고 종이품에서 최하 종육품의 중앙 관리가 수령으로 파견되었다. 조선조 당시 지방 행정상의 지위를 살피기 위해 목·부·군·현에 따라 인물의 정액에 어떠한 차이가 있었는지를 표로 나타내면 다음과 같다.

표3 조선시대 목·부·군·현의 기본구조

구분		목	부	군	현
		부윤(종2품)·대도호부사(종3품)·목사(종3품)	도호부사(종3품)	군수(종4품)	현령(종5품)·현감(종6품)
유향소	좌수	1	1	1	1
	별감	3	3	2	2
읍사		주사	부사	군사	현사
교관		교수	교수	훈도	훈도
향교 유생생도		90	70	50	30
관둔전 결수		20	16	16	12
늠전	아록전결수	50	50	40	40
	공수전결수	15	15	15	15
외아전	서원	30	26	22	18
	일수	40	36	32	28
관노비수		450	300	150	100
향교노비수		25	10	10	10

 위 표에서 보듯이 고을마다 각급 수령의 관등에 따라 인적 구성과 물적 정액에 차이가 있었음을 알 수 있다. 물론 이러한 정수는 법제상 정해진 것으로 실제로는 고을의 융성과 쇠잔에 따라 차이가 있었다. 그러나 수령은 행정 체계상으로는 모두 병렬적으로 직속 상관인 감사의 관할 아래 있었으며, 다만 수령이 겸하는 군직(軍職)으로 말미암아 수령 사이에 상하의 계통이 이루어지기도 하였다. 진주는 경상도 지역 여섯(경주, 안동, 대구, 상주, 진주, 김해) 진관의 하나로 진주 목사가 병마첨

절제사의 직위를 겸하였으며, 합천군·초계군·함양군·곤양군의 네 군과 사천현·남해현·삼가현·의령현·하동현·산음현·안음현·단성현·거창현의 아홉 현을 관할하였다.

조선 왕조는 수령을 중심으로 하는 지방 통치를 철저히 추구하여, 수령 중심의 지방 통치에 방해가 되는 유향(留鄕)품관층과 향리 세력을 억제하였다. 수령의 권위를 높이기 위해 국가 안위나 불법 살인을 제외하고는 수령의 잘못에 대해 해당 고을의 품관이나 향리의 고소가 있더라도 불문에 부치는 대신, 수령을 고소하거나 거짓으로 헐뜯는 부민은 중벌에 처하도록 하였다. 그런 한편 주민의 민속이나 관습까지도 관이 주도하는 방향으로 통제하고자 하여, 고을에서 거행하는 각종 제사 의례를 일률적으로 통일하고 이를 수령이 주재하도록 하였다. 고을마다 진산(鎭山 : 고을을 지켜주는 으뜸 산으로 산신에게 제사를 올리던 곳)을 지정하는 한편 문묘(文廟)·사직단(社稷壇)·성황단(城隍壇)·여단(厲壇) 등을 세워 정기적으로 제사를 드리게 하는 대신 종래의 잡다한 민간 신앙은 음사(淫祀)로 규정하여 금단하였다.

진주에서는 비봉산을 진산으로 지정하였으며, 주의 서쪽 5리 대룡사 뒤쪽에는 사직단을, 고을 북쪽 1리 의곡사 뒤쪽에 여단을 만들었고, 향교에는 문묘를 설치했다. 이 밖에 진주에 속한 지리산과 옥산을 명산, 남강과 두치진을 대천으로 지정하여 고을에서 정기적으로 제사를 지냈다. 특히 진주 성내에 있었던 진주 성황은 개국 초에는 조정에서 춘추로 향과 축문을 내려서 제사를 행하였을 만큼 중요시하였다. 이렇게 고을 단위로 행해진 제사를 수령이 주재함으로써 수령은 명실상부하게 왕을 대신해 고을을 다스릴 수 있었다. 또한 고을마다 왕명을 수행하는 사신이 묵는 객사에 국왕을 상징하는 전패를 모시고 매월 초하루와 보름에 관민들이 망궐례(望闕禮)를 행하는 등 군신 관계의 의식을 수행하였다. 진주 객사는 비봉산 아래 고경리에 있었다.

　진주는 조선시대에 이르러 고려시대에 비해 관할 영역이 축소되기는 했지만 여전히 경상도 지역의 계수관(界首官)으로서 역할을 하였을 뿐만 아니라 진주목 자체의 영역이 상당히 넓었다. 서쪽으로는 섬진강을 경계로 현재의 전라남도 광양·구례군 지역과 전라북도 남원시의 산내면과 이웃하여 요즘의 하동군 하동읍(그 당시는 진답리라 하였음)과 화개·악양·적량·옥종·청암면의 대부분 지역과 횡천면 일부가 진주목에 속해 있었다. 동쪽으로는 고성군 영오·영현·개천면과 마산시 진전면의 일부 지역까지, 남쪽으로는 사천시 축동면과 삼천포 부근 일부 지역은 말할 것이 없고 바다 건너 남해군 창선면까지도 진주목에 속해 있었다. 북쪽으로는 천왕봉에서 이어지는 능선을 따라 요즘의 함양군 마천면과 산청군 금서면 지역과 이웃하여 지금의 산청군 시천·삼장면과 단성면의 사월·소남·관정·창촌·백운·당산·자양리까지 진주목에 들어 있었다.

이렇게 넓은 진주목 영역은 읍내 열네 마을(리), 동면 스물네 마을, 남면 스물여덟 마을, 서면 서른두 마을, 북면 열세 마을로서 모두 일백열한 마을로 이루어진 내부 행정 구역을 갖추고 있었다. 이를 지도에 표시해 보면 다음과 같다.

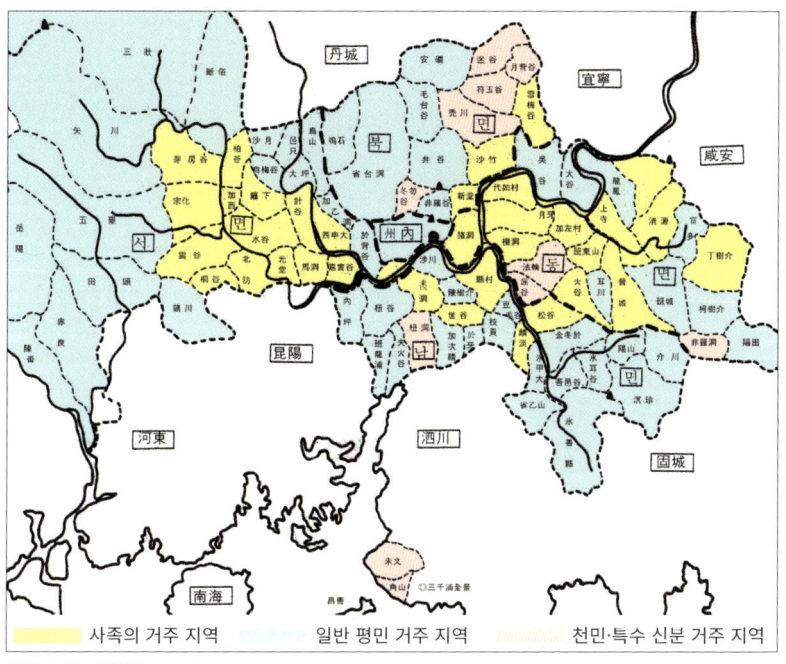

진주목 관내의 면과 리(임란 직전)

임진왜란 뒤에 펴낸 『진양지』에는 모든 면과 리를 가려서 농사 조건과 풍습, 주민의 거주 현황이 기술되어 있다. 『진양지』에 따라 당시 진주 주민의 거주 현황을 보면, 위 지도에서 황색으로 표시된 곳이 양반 사족이 사는 지역으로, 녹색으로 표시된 곳이 일반 백성이 사는 지역으로, 황색으로 표시된 곳이 천민이 사는 지

진양지

역으로 대략 나타난다. 당시에는 아직 동족 마을이 발달하지 않았기 때문에 마을마다 여러 성씨가 모여 살았으므로 위 지도는 주민의 신분에 따른 거주 현황을 대략으로 표시한 것일 따름이라 하겠다.

양반들이 살고 있는 지역 가운데는 지난날 향, 부곡, 소 지역이었던 곳이 적지 않게 나타난다. 고려시대까지만 하더라도 이들 특수 행정 구역에 사는 주민들은 여느 마을의 주민들보다 열악한 사회경제적 처지에 있었지만 조선 왕조에 이르러 이들 특수 행정 구역이 소멸되어 새로운 주거지로 주목을 받으면서 양반이 많이 들어가 살게 되었다는 사실을 엿볼 수 있다.

지금 진주시 도심에 해당하는 통합 진주시 이전의 옛 진주시 중심

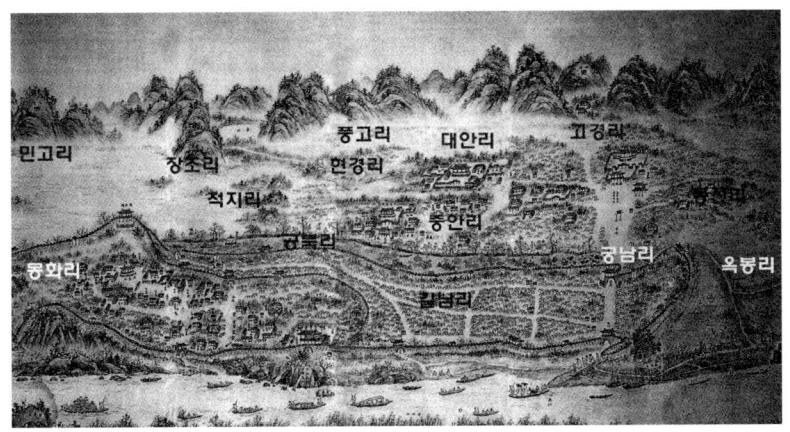

진주성도(19세기)에 표시해본 조선 전기 진주목 주내 열네 마을

지역은 대안·적지·장조·민고·풍고·옥봉·고경·동산·궁남·중안·현경·공북·몽화·갈남의 열네 마을(리)로 행정상 나누어져 있었다. 『진양지』를 참고하여 그 대략의 위치를 조선조 말엽에 그린 진주성도에 표시하면 앞의 도면과 같다. 이들 열네 마을은 모두 고을 안에서 가장 땅이 기름지고 인물이 많이 나는 곳으로 도내에서 제일이었다고 한다. 과거에는 양반 사족이 여기에 많이 살아서 높은 벼슬아치가 잇달아 나왔으나 지금은 그렇지 못하다고 하며 풍속이 화려한 것을 좋아하고 농사를 부지런히 하였다고 하였다. 임진왜란 뒤로 몽화리와 갈남리는 하나로 묶어 성내리로 바꾸고, 중안리·공북리·현경리도 묶어서 중안리로 바꾸었다. 나머지 여덟 마을도 모두 대안리로 하나로 합쳐졌기 때문

에 마침내 읍내 마을은 행정상으로는 세 마을(리)로 묶어지게 되었다.

『조선 전기에 편찬한 동국여지승람』에 진주는 영남 여러 고을 공물의 절반을 바칠 정도로 부유한 고을이며 고을이 아름답기로 영남 제일이라고 하였다. 진주의 풍속에 대해서는 "시서(詩書)를 숭상하고 부유하고 화려함을 숭상한다.", "여염이 태평하여 연화(집에서 음식을 장만하느라 불을 때어 피어오르는 연기)가 서로 잇따랐다.", "학문 좋아하는 것을 업으로 삼는다.", "농부와 잠부(누에치는 아낙네)가 일에 부지런하고 아들 손자가 효도에 힘을 다한다." 하여 영남 지역의 큰 고을로서 안정된 모습이 묘사되고 있다.

토질에 알맞은 작물로 오곡과 조·메밀·감·배·석류·뽕나무·삼·목면(木綿)을 재배했고, 꿀·황납(黃蠟)·녹포(鹿脯)·문어·은구어·표고버섯·석이(石茸)·송이버섯·지초·작설차·자리·죽피방석(竹皮方席)·가는대·왕대·칠·종이·돼지털·사슴가죽·노루가죽·여우가죽·수달가죽·산달피(山獺皮) 같은 것들이 공물로 지정되었으며, 약재인 천문동(天門冬)과 우모(牛毛)·세모(細毛)·청각(靑角)·미역·해삼 같은 것이 토산물로 이름났다. 금양촌(金陽村)과 강주포(江州浦) 두 곳에 물고기를 잡는 어항이 있었고, 곤양현과 이웃하는 곳에 소금굽는 곳(鹽所)이 한 곳 있어 고을 사람이 오가면서 이를 구웠다. 고을 북쪽 목제리(目堤里)와 서쪽 중전리(中全里), 동쪽 월아리(月牙里)에 자기를 굽는 자기소가 있었고, 고을 동쪽 유등곡(柳等谷)과 남쪽 반룡진(盤龍津)에 한 곳씩 질그릇을 굽는 도기소가 있었으나 이들 자기소와 도기소에서 나오는 그릇은 그다지 품질이 좋지는 않았다고 한다.

세종 때의 자료에 의하면 진주의 호수는 1,628호, 인구가 5,906명이요, 속현인 반성(班城)의 호수는 277호, 인구가 687명이요, 영선(永善)의 호수는 254호, 인구가 748명이요, 악양(岳陽)의 호수는 61호, 인구가 181명이었다. 군정(軍丁)의 수는 시위군(侍軍)이 174명, 영진군(營鎭軍)이 188명, 선군(船軍)이 975명으로 나타나 있다.

세종 때에 진주 주민의 호수를 일천 육백여 호 정도로 기록하고 있는데 이는 자연호 전체의 숫자를 기록한 것은 아니고 군호(軍戶)를 배정하기 위한 목적에서 편성된 호수를 기록한 것이다. 성종 때 양성지(1415~1482)가 우리나라에서 호수가 일만호를 넘는 큰 고을에 대해 언급하면서, 경주와 평양이 으뜸이고 나주와 남원이 그다음이며 전주와 진주가 또 그다음이라고 하였다. 이로써 보면 조선 성종 당시에 진주는 호수가 일만 호를 넘어서는 전국에서 여섯 번째로 큰 고을로 나타나고 있다.

9장
진주성 전투

　오늘날 진주 남강변의 촉석루 일대에 자리 잡은 진주성은 임진년 (1592)과 계사년(1593) 두 해에 걸쳐 왜군과 피비린내 나는 전투를 벌였던 격전의 현장이다. 두 해의 진주성 전투 가운데 임진년 10월의 제1차 전투는 소수의 병력으로 왜의 대군을 물리쳐 임진왜란 3대첩의 하나로 기념되고 있으며, 계사년 6월의 제2차 전투는 진주성의 함락과 함께 수만의 인명이 처참히 학살되어 엄청난 참극을 빚었던 전투로서 우리 역사 속에 아로새겨지고 있다.

　진주는 당시 경상우도의 거진(巨鎭 : 병마절제사가 지휘하는 큰 군진)인데다가 왜군의 전라도 침입을 막아내는데 있어 중요한 요충지였다. 진주를

남강과 진주성

지켜내지 못하면 전라도가 곧장 왜적에게 짓밟힐 뿐만 아니라 멀리 북녘 의주에 머물며 전라도와 서해안을 통하여 명령 체계를 유지해오던 정부와의 연락이 끊어지게 된다. 당시는 남해 해상, 서부 경남, 전라도 금산 방면의 어느 한 곳만 방어선이 무너져도 국가 회복의 기틀을 잃어버릴 위험한 처지에 놓여 있었다. 임진년과 계사년의 두 해에 걸쳐 두 차례의 대규모 전투가 진주성에서 이루어졌던 까닭은 진주성이 그만큼 전략상 중요했기 때문이다.

　왜란 초기만 하더라도 진주를 비롯한 경상우도의 서쪽 내륙 지방은 왜군의 북상로에서 빗겨나 있어 직접적인 공격을 받지 않았으나 전선이 확대되면서 진주도 왜군의 공격 목표가 되었다. 진주를 공격하기 위해 왜군이 대대적인 공격 차비를 하는 왜란이 발발한 뒤 다섯 달

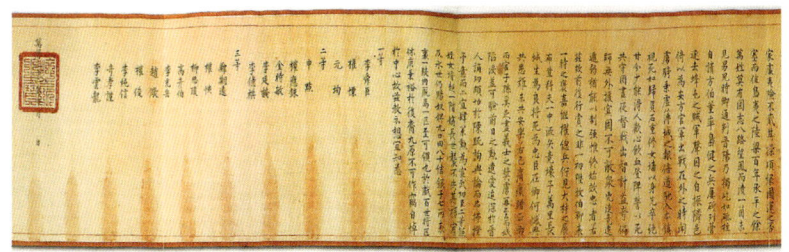

김시민 장군을 선무2등 공신으로 추록한 내용의 교서

이 지난 9월 말경에 이르러서였다.

선조 25년 9월 24일 김해, 부산, 동래 등지에 침입한 2, 3만여 왜군이 합세해 김해를 떠나 창원으로 진군하여, 10월 1일 함안과 진주의 경계에 해당하는 부다현을 넘었다. 이들 왜군은 다음날 10월 2일에는 진주성 동쪽의 소촌역(현재 문산)까지 진출하였고, 10월 5일에는 진주성 동쪽 15리쯤에 있는 임연대 등지로 진군하여 진주성에 접근하였다.

10월 6일 아침부터 왜군은 도동 뒷산과 마현으로부터 세 개 부대로 나뉘어 산야를 뒤덮으면서 진주성으로 진격하였다. 한 부대는 진주성 동문 밖 순천당산에 진을 치고, 또 한 부대는 개경원에서 동문 밖을 지나 비봉루 앞까지 열을 지어 진을 쳤다. 나머지 한 부대는 향교 뒷산으로부터 곧장 순천당산을 넘어 비봉루의 왜적과 합하여 또한 진을 만들었다. 이렇게 하여 왜군은 진주성의 남쪽 남강변과 서쪽을 제외한 동북방을 완전히 포위하여 공격 채비를 갖추었다.

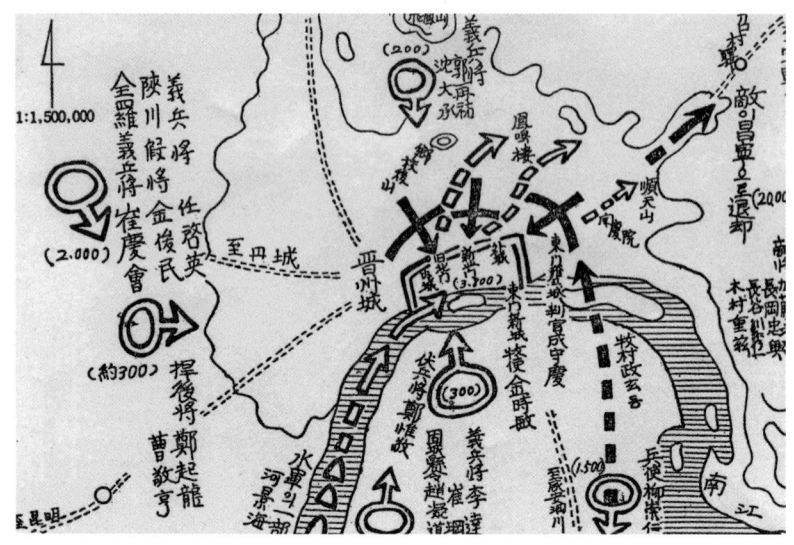

제1차 진주성전투 상황도(이형석, 『임진전란사』에서 옮김)

  2, 3만여 왜군이 진주성을 포위하던 당시 진주성을 지키던 군사는 목사 김시민(金時敏)이 지휘하는 군사가 삼천 칠백여 명, 곤양군수 이광악(李光岳)의 군사가 일백여 명으로 모두 삼천 팔백여 명 정도에 지나지 않았다. 다만, 노약자를 포함하여 수만 명의 민간인이 성안에 남아 있어 이들도 전투 과정에서 사력을 다하였다. 진주목사 김시민은 중위장으로서 이광악과 협력하여 군사를 지휘하였고, 진주판관 성수경(成守璟)은 적의 공세가 예상되는 진주성 동문을, 전만호 최덕량(崔德良)은 수성대장으로서 영장 이눌(李訥)과 함께 구북문을, 율포권관 이

찬종(李纘宗)은 남문을 나누어 맡아서 방어에 임하였다. 한편 전투가 벌어질 당시 진주성에 들어가지는 않았으나 각지에서 원군이 모여들어 힘을 보태며 호응하였다.

본격적인 전투는 10월 7일부터 시작하여 10일까지 나흘 동안 이어졌다. 진주성은 왜적의 포위망 안에서 바람 앞의 등불 같은 위기에 마주해 있었지만 목사 김시민이 온갖 전략을 구사하여 진주성을 지켜내는데 안간힘을 쏟아부었다. 그는 성 안을 돌면서 모든 사항을 몸소 살피고 아래 장병들을 열의에 넘친 설득으로 격려하고 사기를 북돋우어 마침내 군·관·민을 하나로 뭉쳐내어 승리를 이끌어 내었다.

진주성 공격에 실패한 왜군은 호남으로 진출할 계획이 좌절되었을 뿐 아니라 많은 병력을 잃었기 때문에 본국에 허위 보고를 하여 책임을 면하기에 급급하였다. 뿐만 아니라 막대한 전력을 잃어버렸고 보급선이 끊겼으며 명나라 군대까지 들어오는 바람에 작전에 크나큰 차질을 빚었다. 마침내 모든 병력이 남하하게 되었으며 명나라와의 강화 교섭에 나설 수밖에 없었다.

이듬해 선조 26년(1593) 1월, 조선과 명나라 연합군이 평양성을 공격하여 대승을 거두며 이곳을 수복하자 왜적은 서울로 물러나게 되었다. 서울로 물러난 왜적은 명과의 강화를 교섭하여 4월 18일을 기해 서울을 내어주고 부산을 향하여 남하하기 시작하였다. 이 무렵 왜적은 남하와 함께 모든 군사력을 집중하여 진주성을 재차 공략하려는 계획을 세웠다.

마침내 6월 15일 거의 10만에 육박하는 왜적이 김해, 창원으로부터 대거 진주를 향해 출발하였다. 이들은 6월 16일 함안에 들어와 분탕질을 하고, 6월 18일에는 의령을 공격하였으며 6월 20일에 이르러 정진(鼎津)을 넘어 의령 읍내를 짓밟았다. 6월 21일 왜적은 진주의 동쪽 방면으로 들어가는 한편 외부 군사의 지원을 차단하기 위해서 단성·삼가 및 남강 건너편 일대에 진출하여 진주 주변을 완전히 봉쇄하였다.

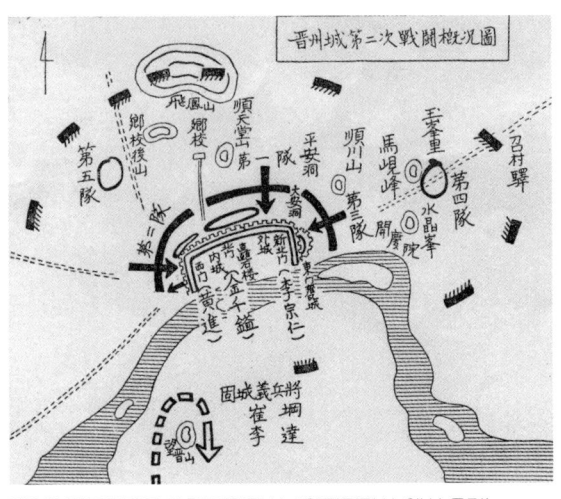
제2차 진주성전투 상황도(이형석, 『임진전란사』에서 옮김)

이때의 제2차 진주성 전투에 동원된 왜군은 가등청정(加藤淸正)이 지휘하는 제1대가 이만 오천 육백 명, 소서행장(小西行長)의 제2대가 이만 육천 명, 우희다수가(宇喜多秀家)의 제3대가 일만 팔천 팔백 명, 모리수원(毛利秀元)의 제4대와 소조천융경(所早川隆慶)의 제5대가 이만 이천 삼

김시민 장군과 제2차 진주성 전투에서 순절한 분들의 신위를 모신 창열사

백 명, 길천광가(吉川廣家)의 제6대가 일천 명으로 모두 십만 명에 가까웠다. 제1대는 성의 북쪽을, 제2대는 성의 서쪽을, 제3대는 성의 동쪽을, 예비부대인 제4·제5부대는 일부가 성의 북쪽을, 제6대는 남강 오른편을 맡았다. 당시 진주성을 지키는 아군의 군사는 진주목사 서예원(徐禮元)이 거느린 본주 군사가 대략 이천 사백여 명이었고, 이밖에 창의사 김천일(金千鎰), 경상우병사 최경회(崔慶會)와 충청병사 황진(黃進) 등이 끌어 모은 관군과 의병의 수가 대략 삼사천여 명이었다.

전투는 6월 21일부터 6월 29일까지 아흐레 동안 이어졌다. 본격적인 왜적의 공격이 개시된 6월 21일부터 6월 27일까지만 하더라도 진주성의 관군과 의병, 주민들은 합세하여 왜적을 상대로 치열하게 대항해 성을 지켜낼 수 있었다. 관은 편대를 나누어 군사들을 독려하는 역할을 맡고, 주민들은 성안의 흙담을 높이는 일과 무기로 사용하기 위해 돌을 나르는 일을 맡았으며, 의병들은 성을 넘으려는 왜군들을 직접 상대하여 무찔렀다. 진주성의 공격이 어려워지자 적군은 성을 무너뜨리고자 성벽의 밑바닥을 파기 시작하였고, 안타깝게도 6월 28일에 큰비가 내려 성이 무너지기 시작하였다. 성안의 관·군·민은 동분서주하며 성을 끝까지 지키려 하였다. 김해부사 이종인(李宗仁)을 비롯한 군사들은 왜군이 성안에 들어오자 백병전을 벌였고, 주민들도 함께 시가전을 펼쳤으나 이튿날 결국 성이 왜적에게 짓밟히고 말았다. 진주성이 떨어지던 마지막 날에는 지휘부 모든 장수와 수많은 병사와 백성들이 처참하게 죽임을 당하였다. 왜적은 성안에 남은 군·관·민 육만 명을 사창(司倉)의 창고에 몰아넣고 모두 불태워 학살하였을 뿐만 아니라 가축도 모두 도살하였다.

　제2차 진주성 전투로 왜적도 적지 않게 전사하였으나 아군의 피해는 엄청나게 컸다. 이종인·김준민·이잠 같은 분들은 성 안에 남아있던 남녀 주민들과 함께 최후까지 싸우다가 장렬히 전사하였고, 김천일·고종후·최경회 같은 분들은 남강에 투신하여 자결하였다. 이때 의기 논개도 촉석루에서 적장을 끌어안고 남강에 몸을 던졌다고 한다.

제2차 진주성 전투에서 진주성을 함락하고 미친듯이 살육을 자행한 왜적은 곧바로 남으로 곤양·하동·악양 방면과 삼가·단성·산음 방면으로 향하여 사방을 살육하고 약탈하였다. 그러나 왜적은 구례·곡성까지 나아가서는 남원을 엿보다가 진주로 돌아왔고, 다시 7월 17일 즈음에는 진주를 떠나 창원·부산 쪽으로 철수하였다.

조선 정부는 7월 20일 신임 진주목사를 임명하고, 26일에는 국왕이 조정 관리를 파견하여 성이 함락된 전말과 부근 적세를 탐지하도록 하는 한편, 전쟁에서 목숨을 바친 사람에게 서둘러 제사를 올리도록 조치하였다. 이에 따라 8월 7일 비변사의 건의에 따라 김천일·황진·최경회·이종인·김준민·장윤(張潤) 같은 여섯 사람에 대해 공적을 표창하고 벼슬을 높이는 조치가 우선 이루어졌다. 8월 9일 즈음 경상우감사 김륵(金玏)은 모든 고을의 승군을 동원하여 전사자의 뼈를 묻었고, 8월 16일자로 선전관 유대기(兪大祺)가 진주성 함락의 전말을 정부에 보고하였다. 9월 5일에는 조정에서 보낸 예조 낭관이 진주성에 이르러 목숨을 바친 이들을 제사하였다.

제2차 진주성 전투의 결과로 경상우도는 장수가 흩어지고 인심이 흉흉한 지경에 이르러 도로서의 모양조차 갖출 수 없는 상태가 되고 말았다. 성곽이 무너진 진주성은 이후 그 전략적 중요성이 크게 감소되어 한동안 거의 버려지다시피 하였다. 왜적도 진주성을 공략하는 과정에서 막대한 전력상의 손실을 입어 호남 점령의 목표를 포기할 수밖에 없었다.

10장
남명 조식과 진주 사족

조선 왕조에 있어서 임진왜란을 전후한 시기는 지연과 학연을 중심으로 학파가 형성되고, 또한 이를 기반으로 형성된 정파 사이에 당쟁이 발생하고 전개하는 시기였다. 이 가운데 진주를 비롯한 경상우도를 지역적 연고로 삼아서 남명 조식에 학문적 연원을 두고 있는 일련의 유학자 집단을 오늘날 남명학파로 부르고 있다.

"소백산 높이 솟아 형세 절로 웅장하니, 구름 많고 비 많고 바람도 많네.
남쪽 예순 고을의 맑고 신령한 기운, 모두 천왕봉과 함께 하늘에 닿았네."

이 시는 진주 출신의 어떤 인사가 퇴계와 그 문인들의 학문을 접하면서 느낀 소회를 표현한 것이다. 소백산과 천왕봉은 각각 소백산 아래에 살았던 퇴계와 지리산 동쪽에 살았던 남명을 상징한다. 소백산에 구름과 비와 바람이 많다는 것은 퇴계의 학문이 성대하여 여러 유형의 뛰어난 제자들이 많음을 뜻한 것이다. 경상우도 예순여 고을의 맑고 신령한 기운이 천왕봉과 함께 하늘에 닿았다는 것은 남명의 높은 기상을 천왕봉에 빗대어 나타낸 것으로 진주권 출신 인물의 자부심을 드러내 보인 것이다.

  남명학파의 중심지인 진주권과 퇴계학파의 중심지인 안동권은 역사적 전통과 자연환경 및 주민의 기질에 있어 서로 대조적이었다. 안동 지역은 고려조 이래 조선 중기까지 항상 중앙정부 내지 집권세력 편에 서서 상당한 반대급부를 향유하였고 주민의 기질도 대체로 온건하였다. 이에 견주어 진주권 지역은 무신 집권과 몽고 침략기에 반항을 하거나 저항하기도 하고 민란도 자주 일어나는 등 주민의 기질이 과격하고 현실에 대응하는 자세가 날카로왔다. 남명의 기질과 사상도 이와 같은 역사적 전통과 지역적 환경 속에서 형성된 것으로 이해될 수 있다. 이런 까닭에 남명의 사상과 학문은 제자들에게 전수되면서 경상우도 지역에 하나의 특색 있는 학풍이 형성되었다.

남명선생이 만년에 제자들을 가르치던 산천재

　남명 조식은 일찍이 과거를 포기한 이래 간혹 유일(遺逸: 초야에 은거하는 명망이 높은 인재)로 천거되기도 하였으나 벼슬길에 나아가지 않고 산림처사로서 일생을 살았다. 그는 성리학자로서의 처신을 지키면서도 천리(天理)와 성명(性命)을 깊이 파고드는 형이상학적인 학문을 멀리하고 하학인사(下學人事) 위주의 학문과 거경행의(居敬行義)의 실천을 강조하였다. 그리고 그는 이러한 학문적 입장을 그 나름의 실천적 행동으로 옮기기도 하였다. 남명은 일생을 초야에서 보냈지만, 결코 현실을 망각한 은둔자는 아니었다. 그는 수차의 상소에서 당시 사회의 폐해를 지적하여 획기적인 변통을 이루고 잘못된 세도를 회복해야 한다고 과격한 언사로써 직간하는 것을 주저하지 않았다. 무엇보다도 단성현감을 사직하면서 올린 상소 가운데 척족 정치의 폐단을 지적하는 대목에서의 직설적이고 과격한 언사는 일시에 커다란 파문을 일으키기도 하였다.

이와 같이 과격하고 직설적인 그의 성격이 때로 남명학파를 공격하는 세력들에게는 공격의 빌미를 제공하기도 했다. 그들은 남명이 향촌사회에서 여러 가지 물의를 일으키고 임금에게 고하는 것이 불손했던 것은 강직한 것이 지나친 것일 뿐 별달리 유자의 기상은 없다고 평가하였다. 또 그가 높은 절개와 강직한 기개는 있지만, 스스로 자부하는 것이 지나치고 학문에는 깊이 천착하지 못하였으며 노장(중국의 노자와 장자)을 숭상하는 것으로 지목하기도 하였다.

경상우도를 터전으로 삼은 남명학파는 남명 사후에 벌어진 동·서 분당, 남·북 분당 및 대·소 분당에 각각 하나의 세력 집단으로 참여하면서 당시 정계에 커다란 영향을 미치게 되었다. 한때 기축옥사(1589년 정여립 모반 사건)로 최영경과 류종지 같은 분들이 연루되어 죽으면서 남명학파 인사들이 위축되는 어려움을 겪기도 하였다. 그러나 임진왜란을 거치면서 곽재우·정인홍·김면·조종도 같은 경상우도 선비들의 눈부신 의병 활동으로 입지가 강화되어 선조 말년에서 광해군 대에 걸쳐 전성기를 누리게 되었다. 특히 광해군 대에는 남명의 수제자인 정

남명선생의 학덕을 기리기 위해 세운 덕천서원

인홍을 중심으로 하는 대북정권이 맹위를 떨쳤다.

그러나 대북정권은 광해군으로 하여금 임해군, 영창대군과 같은 형제를 죽이고 인목대비를 서궁에 유폐하는 패륜을 저지르게 하였다. 이를 빌미로 서인이 중심이 되어 인조반정이 일어나 광해군이 왕위에서 쫓겨나면서 국면이 뒤바뀌어 정인홍을 비롯한 대북파 인사들이 비참한 최후를 맞거나 제거되었다. 인조반정으로 인해 영남세력이 퇴조하고 기호세력이 주도권을 장악하는 역사적 전기가 마련되고, 특히 반정 이후 서인과 남인의 연합 정권이 형성되면서 정인홍 세력의 근거지인 경상우도는 조선조 말엽에 이르기까지 배척과 견제의 대상이 되었다.

같은 영남 지역에 바탕을 둔 퇴계학파(남인) 쪽에서조차 정인홍의 퇴계에 대한 공격 사건 때문에 경상우도의 대북 잔당에 대한 색출과 징계를 빈번하게 행하였다. 일단 그들에게 지목되면 본인과 문중이 몰락을 면하기 어려운 상황에서 경상우도 사림(선비들의 집단)은 다투어 남인으로 바뀌어갔고 일부는 서인이나 노론으로 넘어가기도 하였다.

인조반정으로 남명학파가 타격을 받은 뒤 진주 지역에서는 남명집 각판에 남아 있는 정인홍의 글을 도려내는 사건(효종 2년에 있었던 사건)이 커다란 파문을 몰고오기도 하고, 특정한 사람을 대북 잔당으로 지목하여 무고한 사건(현종 6년에 있었던 최백년 사건)이 일어나기도 하였다. 이런 과정에서 어떤 사람은 대북 잔당으로 몰려 징벌을 받는 따위 곤욕을 치루기도 하고, 곤경에 처한 가문이 노론 세력의 도움을 받으면서 노론으로 바뀌기도 하였다.

더욱이 1728년(영조 4년) 노론 정권을 뒤엎기 위해 일어난 무신란에 안음(오늘날의 함양 안의)에 세력 기반을 둔 정희량을 비롯한 경상우도의 사림 일부가 관계됨으로써 또다시 큰 타격을 입었다. 이때부터 경상우도 사림의 전통은 그 근원인 남명의 학문에서부터 잘못되었기 때문에 정인홍과 같은 인물이 나오고 무신란도 일으켰다고 보는 시각이 제시되었다. 한편 집권 세력인 노론이 영남 지역에 노론 세력을 부식하기 위한 전략을 구사하게 되면서, 응집력이 약화되고 침체되어 가던 경상우도 사림 가운데는 서인·노론화해 가는 가문들이 서서히 늘어나게 되었다.

무신 사태가 일어나기 전까지만 하더라도 경상우도 지역은 노론 세력이 있긴 하였으나 남인 세력에 비교할 정도가 못되었다. 그러나 이 사건 뒤로 이 지역 남인들이 집권층의 강력한 제재를 받게 되면서 노론 세력이 차츰 성장하기 시작하였다. 진주 지역의 사림이 남인과 노론으로 분화하면서 가문 사이에 나타나는 당파의 대립은 경종 때에 진주 지역 남인이 연합하여 진주의 노론 세력을 탄압한 사건과 영조 즉위 뒤 노론 세력의 보복 사건으로 나타나기도 하였다. 영조 후반기에는 진주의 종천서원에서 배향 인물의 출향 문제를 두고 남인 가문과 노론 가문이 극렬하게 대립하여 십여 년 동안이나 공방전을 벌였다.

남명학파가 떨치던 때에는 "그의 문하에는 쓸 만한 인물이 많다."라고 하는 말이 있을 정도로 남명 문하의 응집력이나 인물의 배출이 퇴계학파에 비해 뒤지지 않아 진주권은 안동권에 비해 결코 손색이 없는 유학의 고장으로서 모습을 갖추고 있었다. 그러나 인조반정 뒤로 북인 세력이 밀려나자 진주 지역 인물의 정계 진출은 거의 끊어지고 남명에 연고를 두려는 학문의 흐름도 급격히 사라지게 되었다.

남명학파가 형성되고 당쟁이 전개되는 시기에 즈음해서 주목받는 활약을 보인 여러 사족 가문의 대표적 인사들은 이후 여러 문중의 현조(뛰어난 선조)로 추앙받았고 또한 지역 사회에서 명현(이름난 학자)으로 존중받았다. 사승관계(스승과 제자 사이)와 당쟁으로 해서 제각기의 색깔을 지닌 진주 지역의 여러 문중들은 관직으로 나아가기 어렵게 됨에 따라 점차 동족끼리 결집을 강화하였던 것이다. 진주 지역은 다른 어느 지역보다도 문중의 현조를 중심으로 한 동성 씨족 사이에 결집력이 강하였던 것으로 나타나며, 이는 조선조 후기 이래 진주 지역이 갖는 한 특징적 모습이기도 하였다.

11장
유력한 씨족의 동향

조선 시대에는 고을마다 지역 사회에 영향력을 행사하는 유력한 사족 집안의 인물들을 중심으로 유향소(留鄕所)라는 향촌 자치 기구가 있었다. 이들 유향소를 운영하는 인물들의 명부를 향안(鄕案)이라고 하며, 향안에 이름이 오른 사람을 향원(鄕員), 향원들의 집회를 향회(鄕會)라고 하였다. 향원들은 향회를 통하여 지역 여론을 조성하기도 하고 임원을 선출하여 수령(정부에서 내려와 지방을 다스리는 벼슬아치)의 지방 통치에 자문하는 한편 향리(수령을 돕는 지방 벼슬아치)와 주민들을 통제하였다. 따라서 진주 지역에서 행세했던 유력 씨족은 어떤 씨족이며 그 시기별 동향을 알기 위해서는 진주 향안에 실려 있는 인물이 씨족별·

시기별로 어떻게 나타나는지를 살펴볼 필요가 있다.

오늘날 남아 있는 진주 향안 가운데 향원의 명단이 확인되는 것은 1617년, 1634년, 1639년, 1648년, 1658년, 1679년, 1690년, 1712년, 1736년, 1774(2건)년에 만들어진 열 가지다. 이들 향안에 실려 있는 인물에 대하여 시기별·성씨별로 등재 인물의 수를 정리하면 다음의 표와 같다.

표4 진주 향안에 이름이 실린 사람의 가문별 분류

	1617	1634	1639	1639	1658	1679	1690	1712	1736	1736	계
진양 하씨	4	7	11	11	9	17	11	35	18	24	144
진양 정씨	1	1	2	2	6	5	8	6	2	15	47
진양 강씨	3	4	4	4	2	2	5	8	6	10	49
울산 김씨	3	5	8	8	5	5	5	3	3	4	42
의령 남씨		1	1	1		3	1	1	2	4	14
남평 문씨	1	1	1	1	1	2	1	7	4	4	23
태안 박씨					1		1	1	1		4
수원 백씨						1			1		2
창녕 성씨	1	2	6	6	3	5	7	11	4	13	57
밀양 손씨			2	2	2	1	2	2		3	12
광주 안씨						1		1			3
남원 양씨	1	1	3	3	3	3	2	1		2	17
문화 유씨		1	2	2	1	1	2	4	2	3	16
파평 윤씨		2	3	3	1	1		3	1		12
재령 이씨	2	8	10	10	4	13	13	15	10	14	95
전의 이씨		1	1	1		2	1	2		2	10

고성 이씨							1	1		3	
연일 정씨					3	1	3		1	2	10
해주 정씨									7		7
임천 조씨		2	4	4	1						7
함안 조씨					2	2	2	2	1	2	11
창녕 조씨			3	3		1	1	2	1	3	13
여양 진씨	1	1	1	1		1	2	1		1	8
전주 최씨			1	1	1	2	1	2	1	1	9
화순 최씨					1					1	2
청주 한씨		2	3	3	1	5	4	7	4	2	31
김해 허씨		2	2	2	1		3	8	7	3	29
장수 황씨	1										1
덕수 이씨			3	3		3					6
알수없음	2	5	7	7	3	6	8	11	11	15	73
계	20	46	78	78	51	83	84	134	87	128	757

　이 표에 따르면 진양하씨가 가장 많아 144명이나 되고, 재령이씨가 95명, 창녕성씨가 57명, 진양강씨 49명, 진양정씨 47명, 울산김씨 42명, 청주한씨 31명, 김해허씨 29명, 남평문씨 23명으로 그 뒤를 잇는다. 이밖에도 스무 사람에 미치지는 못하지만, 여러 시기에 걸쳐 꾸준히 향안에 오른 집안은 남원양씨·문화유씨·창녕조씨·의령남씨·밀양손씨·파평윤씨·전의이씨·함안조씨·연일정씨들이다. 향안에 이름이 실린 인물의 숫자가 열 사람이 되지 않는 가문으로는 전주최씨·여양진씨·해주정씨·임천조씨·덕수이씨·태안박씨·고성이씨·광주이씨·수원백

씨·화순최씨·장수황씨 같은 여러 집안이 있다. 그러나 인물의 숫자가 적은 가문이라고 해서 이들 모두가 진주 지역에서 영향력이 미약했다고 간주할 수는 없다. 이 가운데 전주최씨와 여양진씨는 한 두 사

여러 시기에 걸쳐 작성된 진주 향안

람에 지나지 않지만 꾸준히 향안에 이름이 실리고, 태안박씨도 숫자는 적지만, 17세기 중반 이후 꾸준히 등장한다.

임천조씨와 장수황씨는 17세기 전반에는 이름이 있다가 후반에는 사라지고 말았다. 특히 장수황씨는 최초의 향안에만 한 사람이 등장하고 그 뒤로는 전혀 보이지 않는다. 진주에 거주하는 장수황씨가 없지 않았던 것으로 보아 아마도 집안의 신세가 어려워진 것으로 추측하겠다. 수원백씨·광주안씨·덕수이씨는 향안에 잇달아 실리지 않고 두세 시기의 향안에만 나타나고 있으며, 해주정씨는 이전에는 이름이 없다가 1736년에 가서 갑자기 일곱 사람이나 이름이 실리고 있다. 이와 같이 여러 가문 사이에 이름이 실린 사람의 숫자나 이름이 실리는 사정이 바뀌는 모습이 여러 가지로 다른데, 이는 진주지역 안에서 여

러 가문의 처지가 시대에 따라 바뀐 데서 나타난 것으로 볼 수 있다.

한편 고려조 이래 진주 지역의 토박이 성씨였던 강(姜)·하·정·소·유·임·강(康) 가운데 강(姜)·하·정씨를 제외한 소·유·임·강(康)의 네 성씨가 이들 향안에 전혀 보이지 않는 반면에, 타지로부터 들어온 여러 성씨가 향안에 많건 적건 이름을 남기고 있음을 알 수 있다. 이로써 조선시대에 이르러 진주 지역에는 타지로부터 여러 성씨가 들어와 정착하였고, 이 가운데 일부는 족세가 번성하여 조선조 후기의 향안에 적지 않은 사람이 이름을 남기게 되는 반면에, 진주의 토박이 성씨인 소·유·임·강(康)씨는 조선조에 들어와 점차 세력이 미미해졌거나 다른 곳으로 떠났음이 확인된다.

조선조 말기에 이르면 유력한 성씨가 거주하는 마을은 점차 동족마을을 형성한다. 동족마을이 발달하면서 동족마을의 주민들은 그들 씨족의 성씨 앞에 마을 이름을 붙여서 '○○김씨', '○○이씨' 같이 집단으로 불리면서 양반으로 행세하였다. 그리고 이들 양반 동성 마을 주변에는 '○○이가', '○○박가'로 불리는 상민들이 모여 살거나 섞여 사는 여러 마을이 흩어져 있었고, 이들 마을 주민 사이에는 신분에 따른 서열과 함께 경제의 우열과 예속 관계가 이루어졌다. 이것이 조선 왕조 말기 향촌 사회의 모습이다. 조선조 말기 양반 동족 마을의 현황을 고을에 따라 정리한 책자를 통하여 당시 경상도 안의 고을에 나타난 양반 마을(명현가)의 현황을 나타내면 다음 표와 같다.

표5 명현록에 등재된 경상도 71읍의 각 읍별 명현 가수

도	권역	고을별 명현가수	미등재 고을
우도 (31주)	상주권 (9읍)	상주(13)·성주(8)·선산(10)·김산(3)·지례(1)·고령(3)·문경(1)·함창(2) 모두: 41	개령
	진주권 (14읍)	진주(24)·합천(5)·초계(5)·함양(8)·거창(4)·사천(1)·삼가(5)·의령(5)·하동(1)·산청(3)·안의(5)·단성(10) 모두:76	곤양·남해
	김해권 (8읍)	함안(5)·고성(3)·칠원(1) 모두:9	김해·창원·거제·진해·웅천
좌도 (40주)	경주권 (11읍)	경주(5)·영천(3)·청하(1)·언양(1) 모두:10	울산·양산·흥해·동래·영일·장기·기장
	안동권 (16읍)	안동(10)·녕해(1)·청송(1)·예천(3)·풍기(2)·순흥(1)·의성(3)·봉화(1)·예안(3)·룡궁(1) 모두:26	영천·영덕·진보·군위·비안·영양
	대구권 (13읍)	대구(6)·밀양(3)·청도(2)·경산(1)·인동(2)·현풍(3)·칠곡(2)·신녕(1)·의흥(1)·영산(4)·창녕(1) 모두:26	하양·자인

경상도 전체 일흔한 고을 가운데 우도가 서른한 읍, 좌도가 마흔 읍인데, 명현가의 수는 우도가 일백스물여섯이고 좌도가 예순둘로 나타나, 우도가 좌도에 견주어 곱절이나 명현가가 많은 것으로 나타난다. 또 우도 가운데 진주권의 명현가의 수가 상주권과 김해권에 견주어

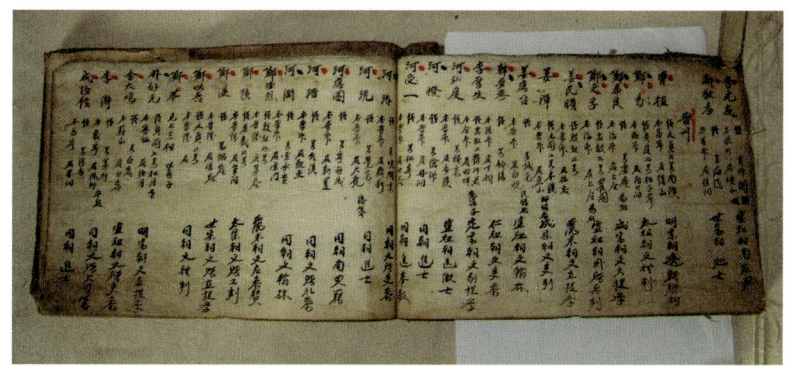

『명현록』에 보이는 진주지역의 명현에 대한 기록(양기석씨 소장)

많은 편이며, 특히 김해권과는 상당한 정도의 격차를 보이는 것을 알 수 있다. 좌도의 경우 명현가의 수는 안동권, 대구권, 경주권의 차례로 약간의 차이가 있는 것으로 나타난다.

좌·우도를 통틀어서 볼 때 명현가의 수가 많은 고을은 진주 스물넷, 상주 열셋, 선산 열, 단성 열, 안동 열, 함양 여덟, 성주 여덟의 차례로 나타난다. 이들 명현가의 수가 많은 일곱 고을 가운데 안동을 빼고 나머지 고을은 모두 우도에 있는 고을인 점도 눈에 띈다. 경상도 안에 모두 일흔한 읍 가운데 명현가가 보이지 않는 고을이 우도에 여덟 읍, 좌도에 열다섯 읍, 모두 스물세 읍으로 나타나고, 이것이 우도와 견주어 좌도가 명현가의 수에 있어서 수적 열세를 보이는 한 요인이 되는 것을 알겠다.

수로써 나타나는 이러한 좌·우도 사이의 차이나 우도 안의 여러 고을 간의 차이가 조선 말기에 있어서 양반 동족 마을의 실제 지역별 상황을 반영하는 것으로 본다면, 우도가 좌도에 견주어 특정의 현조를 중심으로 뭉쳐지는 양반 동족 마을의 형성이 활발했던 것으로 보겠다. 명현가란 유명 인사의 배출이나 학문에 힘쓰는 지역의 특성을 나타내기보다는 특정의 현조를 중심으로 뭉쳐 지역사회에서 행세하는 동족 마을의 정도를 반영하는 것이라 할 수 있기 때문이다.

　경상도 여러 고을 가운데 진주는 도내에서 가장 명현가의 수가 많은 고을로 나타난다. 이는 진주 지역이 동성 씨족끼리 결집되는 양상이 다른 어느 지역보다 두드러졌음을 보여주는 것으로 진주라는 지역사회가 갖는 한 특징이기도 하였다. 조선조 말기 양반 동족 마을의 현황을 고을별로 정리한 한 책자에서 진주 지역 유명 문중의 현조(드러난 조상)와 세거지(대대로 살던 마을)를 표로 나타내면 다음과 같다.

표6 '명현록'에 실린 진주 지역 명현가의 현조

성명	본관	호	생몰년	세거지	사우 관계	향사 서원
하징	진주	창주	1563-1624	단동		임천서원
하항	〃	각재	1538-1590	대각	남명 문인	대각서원
하수일	〃	송정	1553-1612	사곡	각재 문인	대각서원
하홍도	〃	겸재	1593-1666	안계	송정 문인	종천서원
하윤	〃	운수당	1452-1500	운문		정강서원
하락	〃	환성재	1530-1592	월횡		

하진	〃	대계	1597-1638	대동	부사 문인		종천서원
강혼	〃	목계	1464-1519	동산			
강민첨	〃	은열공	?-1021	매곡			
강응태	〃	성재	1495-1552	백현			임천서원
이준민	전의	신암	1524-1590	관점			임천서원
허준	양천	삼우당		금만			
정문부	해주	농포	1565-1624	기동			
이후생	전주	덕천군	1397-1465	내평			
최탁	전주	죽당	1598-1645	대야화			인계서원
조식	창녕	남명	1501-1572	덕산			덕천서원
최영경	화순	수우당	1529-1590	덕산	남명 문인		덕천서원
정훤	연일	학포	1588-1647	동곡	래암 문인		
박호원	밀양	송월당	1527- ?	사월			
조종도	함안	대소헌	1537-1597	소남			
조지서	임천	지족당	1454-1504	신당			신당서원
손천우	밀양	송헌		완계			대각서원
한몽삼	청주	조은	1588-1662	정수	황암·여헌 문인		임천서원
박민	태안	능허	1566-1630	지소	한강 문인		정강서원

여기서 보듯이 조선조 말기 진주 지역에는 세거지와 현조를 달리하는 진주하씨의 일곱 개 동족 마을을 비롯해서 진주강씨의 세 개 동족 마을과 그밖에 여러 성씨의 동족 마을이 형성되어 있음을 엿볼 수 있다. 그리고 이 표에 나타나는 인물들은 일부 인사를 제쳐두면 거의가 선조-인조 연간에 활동했던 인물로서, 대부분 남명을 비롯한 당대 큰 학자의 문인이거나 이들과 교류한 인사로 나타난다. 선조-인조 연간의

시기는 지연과 학연을 중심으로 학파가 형성되고, 이를 바탕으로 하여 당쟁이 전개되는 시기였다. 따라서 이러한 시기에 활동한 여러 사족 가문의 대표적 인사가 문중의 현조로 추앙되어 동족을 결집하는 구심점이 되었음을 알 수 있다.

 이들 진주 지역의 여러 동족 마을 주민들은 저마다 그들의 현조를 중심으로 문중을 형성하여 지역사회에서 양반으로 행세하였다. 이렇게 씨족의 성씨 앞에 마을 이름을 붙여 '단동하씨', '동산강씨', '덕산조씨' 등으로 부르는 관행은 근래에까지 내려오고 있기도 하다.

12장
1862년 농민 항쟁

　19세기에 이르러 조선 왕조는 세도 정치와 수취 체제의 문란으로 파탄에 이르렀고 전국적인 농민 봉기가 이어지면서 봉건 사회의 해체가 촉진되었다. 1862년의 전국에 걸쳐 발생한 농민 봉기는 그해 2월 단성과 진주에서 일어난 농민 봉기가 도화선이 되었다. 무엇보다도 진주 지역의 농민 항쟁은 다른 곳과는 비교할 수 없을 만큼 항쟁의 규모가 컸을 뿐만 아니라 격렬하였다.

　진주 농민 봉기는 직접적으로는 환곡(관청에서 백성에게 봄에 빌려주고 가을에 이자를 붙여 되돌려 갚게 하는 곡식)의 폐단으로 말미암은 것이었다. 당시 환곡의 폐단은 전국에 걸쳐 극심했지만 진주에는 진주목뿐만 아니라 경상우병영까지 있어서 환곡의 부담이 특히 무거웠다. 1862년 당시 경상우병영의 환곡은 삼만 구천여 섬 가운데 이만 사천여 섬을 잃어버렸고, 진주목의 환곡은 사만여 섬 모두를 잃어 한 톨도 남아 있지 않았다. 환곡을 잃어버리는 것은 거의 수령과 향리들이 가로채기 때문이었으나 수령은 이를 농민들에게 떠넘겼다. 진주목에서는 1855

조선 후기 농민 봉기 발생 지역

년 이후로 한동안 잃어버린 환곡을 토지에 따라 백성에게 나누어 거두었다가 농민들이 이를 시정할 것을 비변사에 호소하여 중지한 적이 있었다. 홍병원이 진주목사로 부임하면서 1861년 겨울에 잃어버린 환곡을 조사하고서는 환곡을 가로챈 장본인인 서리들을 처벌하는 한편 다시 전에 하던 방식대로 모자라는 만큼을 농민들에게서 거두어 채우려 하였다. 그리하여 이해 12월 십여만 냥을 토지에 부과하여 거둘 것을 향회에서 승인토록 하였다. 이처럼 관청의 재정이나 세금이 모자라면 이를 토지에 부과하여 거두어들여 채우는 것을 '도결(都結)'이라고 했다. 진주목에서는 이와 같은 도결을 각 면의 훈장을 불러내어 그들로 하여금 거두어들이게 하였다. 한편 진주목에서 하는 환곡 해결 방식을 지켜본 경상우병영에서도 이듬해 1862년 1월 역시 수십 명의 향원을 회유하고 협박하여 육만여 냥을 통별로 부과하여 이를 승인케 하였다. 이렇게 통을 단위로 부과하여 거둬들이는 것을 '통환(統還)'이라고 한다.

환곡을 비롯한 각종 조세의 부당한 징수에 고통을 당하고 있던 진주 농민들은 도결과 통환이 동시에 부과되자 마침내 분노가 폭발하고 말았다. 도결이 강요되자 진주 농민들은 우선 진주목과 경상감영에 이의 부당함을 호소하였으나 아무런 효과가 없었다. 그러던 가운데 다시 통환이 강요되자 농민들은 마침내 항쟁을 준비하게 되었다.

1862년 1월 29일 진주 축곡면 내평촌에 살던 유계춘(柳繼春)은 도결과 통환의 철폐를 위해 2월 6일에 수곡 장터에서 집회를 개최할 것을 알리는 통문을 돌리고 이튿날부터 사노(집에서 부리는 남자 종) 검동의 집에서 수곡 집회를 준비하였다. 이때 홍문관 교리를 지낸 이명윤(李命允)도 논의에 참여하였는데, 유계춘은 수곡 집회와 농민 항쟁의 방향

진주시 수곡면에 있는 유계춘의 묘

을 과격한 방식으로 추진할 것을 결행하였다. 2월 2일에는 철시를 요구하는 한글 통문을 진주 읍내 장터에 게시하고 한글 가사체로 지은 초군 회문(나뭇꾼이 돌려 읽는 글)을 작성하여 나뭇꾼들의 동참을 호소하였다.

마침내 2월 6일 수곡 장터에서 집회가 개최되었다. 30여 명의 대표가 참가한 집회에서 경상감영에 도결과 통환의 부당함을 호소하기로 하는 결정이 이루어졌다. 이튿날인 2월 7일 경상감영에 호소할 의송(議送: 관찰사에게 올리는 청원서나 진정서)의 대표로서 강화영을 선출하고, 장진기와 조학립이 경상감영에 의송을 제출하였다. 이날 유계춘은 수곡

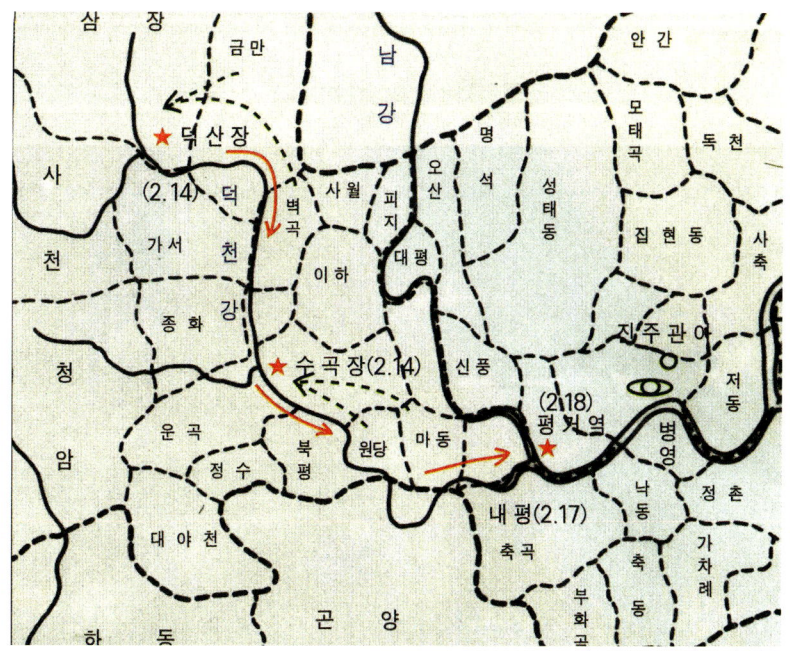

농민군 행진경로(김준형, 『1862년 진주농민항쟁』에서 옮김)

집회의 주동자로 지목되어 체포되었다.

　유계춘이 체포된 며칠 뒤 마동과 원당 마을의 농민들이 주축이 되어 먼저 수곡 장터를 습격하여 농민들을 규합하였다. 한편 백곡과 금만의 농민들이 삼장면과 시천면을 공격하고 농민들을 회유하여 규합한 다음, 이들 농민들이 연합하여 마침내 덕산 장터를 점거하였다. 덕산에서 세력을 확대한 농민들은 덕천강을 따라 진주를 향하여 행진하였고, 행진하는 과정에서 만나는 부잣집 수십 호를 부수었다. 2월 18일 아침 흰 수건을 머리에 쓰고 몽둥이를 든 진주 각지의 농민 수천 명이 진주읍과 진주성 서쪽 5리 지점에 포진하여 진주목의 도결과 경상우병영의 통환을 철폐할 것을 요구하였다. 이에 진주목사 홍병원은 농민들에게 신망이 높았던 이명윤을 불러서 농민들이 요구하는 대로 도결을 혁파한다는 전령과 완문을 제시하며 농민들을 설득해서 해산시키고자 하였다. 그러나 농민들은 이에 만족하지 않고 진주읍으로 진출하여 진주목과 병영의 이방을 비롯하여 비리를 저지른 아전들의 가옥을 부수면서 세력을 과시하는 한편 병영의 통환도 철폐할 것을 요구하였다.

2월 19일 아침 수만 명으로 불어난 농민들은 진주목 객사 앞에서 우병영 통환의 철폐와 환곡 문란에 대한 해명을 요구하는 농민대회를 개최하였다. 이에 우병사 백낙신이 농민들을 회유하기 위하여 대회장에 나타났다가 농민들의 기세와 신랄한 규탄에 몰려 회유를 포기하고 농민들의 요구를 받아들였다. 이리하여 농민들의 요구대로 도결과 통환의 철폐가 관철되었지만 농민들은 이에 만족하지 않고 환곡 문란의 책임을 추궁하였다. 농민들은 병사의 수행원들을 붙잡아 몽둥이로 구타하고 병영의 이방 권준범과 병영의 환곡을 횡령한 김희순을 붙잡아 매질한 뒤 불에 태워 죽였으며, 병사 백낙신을 붙잡아 두고 그의 탐학과 서리들의 부정행위를 추궁하면서 밤을 넘겼다.

 2월 20일 농민들은 도망간 서리들을 추적하는 한편 목사와 병사에게 이들의 신병을 인도해 줄 것을 요구하였다. 농민들은 도결과 통환의 철폐와 삼정문란의 책임 추궁이라는 당초의 목적을 어느 정도 달성하여 이날 점심때쯤 목사와 병사를 풀어 주었다. 오후 들어 농민들은 여러 지역에 원성이 잦은 부자들을 지목하면서 그들의 집을 파괴한 뒤 다시 진주읍에 모일 것을 다짐하고 외곽 지역으로 흩어져 나갔다. 2월 23일 해산하기까지 항쟁 농민들이 다니면서 공격하거나 파괴한 집이 스물두 마을에 쉰여섯 집이나 되었고, 재물을 빼앗은 집이 마흔 집이었다고 한다. 당시 진주 읍내에서 파괴된 가옥이 일흔 채, 재물을 빼앗긴 집이 서른여덟 집이었다고 하니 항쟁을 시작한 2월 14일부터 2월 23일까지 열흘 동안 진주 농민의 격렬했던 항쟁의 모습이 어떠했는지 짐작된다.

 진주농민항쟁의 진행 상황이 경상우병사 백낙신과 경상감사 이돈영의 장계를 통하여 정부에 보고되자 사태의 심각성을 파악한 정부는 즉각적인 조치를 취하였다. 정부는 먼저 서리들의 횡령이 농민들의 고통이 된다고 하더라도 이를 관에 호소하지 않고 무력 봉기한 농민들의 행위를 질책하였다. 그리고 이를 사전에 막지 못한 수령의 책임을 물어 진주목사 홍병원, 경상우병사 백낙신, 전임 감사 김세균을 파직

『진양초변록』에 보이는 안핵사 박규수 장계

하고 박규수를 안핵사로 임명하여 봉기의 주동자와 부정을 저지른 서리를 처벌하고 개혁의 방안을 강구할 것을 지시하였다.

진주농민항쟁이 일어난 지 한 달이 지난 3월 18일 안핵사(농민 항쟁의 실태 조사와 수습을 위해 왕명을 받아 파견된 관리) 박규수가 진주에 도착하였다. 그는 우선 농민항쟁에서 가장 원성의 대상이었던 백낙신의 불법적 비행을 공격하는 내용의 장계를 올렸다. 박규수의 장계가 중앙에 도착하여 백낙신은 엄형을 받아 강진현 고금도로 귀양을 갔다. 홍병원도 곧장 체포하였으나 박규수로부터 아무런 장계가 올라오지 않자 이내 석방하였다. 진상 조사에 신중을 기했던 박규수는 5월 11일이 되어서야 조사 내용을 종합해서 장계를 올렸다. 이때 올린 장계는 죄인들을 문초한 기록인 「사계발사(査啓跋辭)」, 진주목의 포흠(관청의 재물을 사사로이 써버림)을 조사한 「사포장계(査逋狀啓)」, 환곡의 해결 방안을 담은 「강구방략이정환향적폐소(講求方略釐整還餉積弊疏)」 같은 세 가지 장계인데, 마지막의 것은 나중에 삼정이정청(三政釐整廳)이 설치되는 데에 중요한 근거 자료가 되었다. 박규수의 보고에 따라 유계춘을 비롯한 세 사람의 핵심 주모자는 5월 30일 진주성 남문 밖 공터에서 주민들이 지켜보는 가운데 효수형(칼로 자른 머리를 장대에 매달아 세워두는 형벌)을 당하였다. 나머지 죄인들도 박규수가 건의한 처벌 내용대로 형이 집행되었다. 항쟁 관련자들의 입에 자주 오르내려 중요한 혐의를 받고 있던 교리 이명윤도 박규수가 건의한 바에 따라 의금부에서 체포하여 심문을 한 다음 전라도 강진 고금도로 유배하였다.

한편 진주에서는 새로 교체된 병사와 목사가 농민항쟁을 수습하기 위한 노력을 경주하였다. 이들은 부임한 다음 농민들을 회유하기 위해 그동안의 폐단에 대하여 해결하려는 자세를 표면상으로는 보이기도 하였다. 그러나 5월 들어 농민봉기가 전라도 각지에 파급되고 심지어 충청도에까지 확산되자 극도의 위기감에 젖은 정부는 처음에는 강경 진압을 통해 전국적인 확산을 막고자 했다. 그럼에도 불구하고 농민봉기가 계속되자 정부에서도 점차 강경 진압이나 형식적인 선무 작업만으로는 농민봉기를 막기 힘들다고 인식하였다. 봉건정부는 농민봉기의 원인이 전적으로 삼정문란에 있다고 판단하여 철종은 부세 문제를 논의하기 위한 기구의 설치를 명하였다. 비변사에서는 기구의 명칭을 이정청으로 정하고 마침내 6월 10일 삼정개혁을 천명하고 8월 19일에 삼정이정책을 발표하였다. 삼정이정책의 내용은 주로 삼정(三政 : 국가 재정의 근간을 이루는 전정(田政)·군정(軍政)·환정(還政)을 일컫는 말)의 운영 개선에 초점이 두어졌다. 그러나 삼정이정책 자체는 원칙에 대한 천명에 그쳤고 구체적인 시행을 위한 후속 조치가 취해지지 않았다.

이처럼 당시 봉건정부는 체제 붕괴의 위기에 직면하자 봉기과정에서 제기된 농민들의 의견을 수렴할 것처럼 개혁을 모색하다가, 수습 국면에 들어서면 이를 재빠르게 철회함으로써 재차 농민을 기만하였던 것이다. 더구나 이듬해 6월에는 전 병사 백낙신과 전라감사 김시연을 비롯한 처벌 수령들을 거의 풀어줌으로써 정부 시책의 허구성을 여실히 보여주었다.

진주농민항쟁은 열흘 남짓 만에 끝나버렸지만, 이것을 도화선으로 하여 농민항쟁은 전국으로 번져 나갔다. 3월에 함양·거창에서 항쟁이 일어나고, 그 뒤 그 파장이 소백산맥을 넘어 장수·무주와 같은 이웃 고을로 번지면서 전라도의 다른 지역으로 확산되었다. 또한 함양·거창의 북쪽에 인접한 경상도의 일부 지역에서도 3월 말~4월에 걸쳐 항쟁이 이어지면서 점차 경상도 모든 지역으로 확산되었다. 5월에는 전라도 나머지 고을과 충청도 여러 고을에서도 항쟁이 이어졌다. 5월을 절정으로 하여 농민항쟁이 점차 수그러들었지만, 이해 말까지도 여기저기에서 농민항쟁은 계속되었고 삼남지방을 넘어 함경도와 경기도의 일부 고을에서도 농민항쟁이 전개되면서 봉건정부를 위기로 몰아넣었다.

1862년의 진주농민항쟁은 봉건적 지배체제가 해체되는 시기에 나타나는 신분 계층간의 이해관계와 갈등 양상을 여실히 보여준 사건이기도 하였다. 항쟁 초기의 준비과정에서는 저마다 신분 계층의 처지가 달랐지만 유력 양반이나 몰락 양반이 적극적으로 항쟁을 주도하고 빈농을 핵심으로 한 농민들이 여기에 참여하는 양상을 보였다. 그러나 항쟁이 고양되어 전면적 봉기의 단계에 접어들면서 몰락 양반과 빈농층이 전면에 나서면서 계층끼리 처지가 엇갈리는 양상을 보였다. 조세 문제를 중심으로 하는 초기 단계에서는 빈농들이 양반이나 부자들과 함께 손을 잡았으나, 후반에 가서는 경제적 이해가 다르고 봉건 권력과 연결된 이들에 대해 분명히 맞서는 모습을 보였다. 농민들이 겨냥했던 마지막 목표가 이루어지지 못한 채 농민항쟁은 끝나게 되지만, 이러한 항쟁의 경험을 바탕으로 삼은 농민층의 사회 변혁을 위한 투쟁은 이후 더욱 거세어진다. 1870~80년대에 가서도 여기저기서 잇달아 농민항쟁이 벌어지면서 마침내 1894년에 가서는 한 단계 발전한 농민운동이라 할 수 있는 동학농민전쟁으로 이어지게 되었다. 이처럼 진주농민항쟁은 봉건 왕조 말기에 농민이 이루어낸 사회 변혁 운동의 한 시발점 역할을 하였던 것이다.

13장
동학 농민 운동 시기

　1894년 고부에서 처음 민란이 발생한 뒤 전라도를 중심으로 전개된 동학 농민 봉기는 거의 한 해 동안 전국을 내란의 상황으로 몰아갔다. 이 해 전라도에서는 동학 농민군이 관군과의 전투에서 승리하고 마침내 전주를 점령하여 정부로부터 폐정 개혁의 약속을 받아내고, 수십 개 고을에 집강소를 설치하여 지방의 치안과 행정을 장악하는 혁명 같은 상황이 전개되었다. 그러나 조선에서의 이 같은 사태를 침략의 기회로 삼은 일본이 군대를 파견하여 민씨 정권을 몰아내고 내정 개혁을 강요하는 한편 동학군 토벌에 나서자 동학 농민 운동은 새로운 국면을 맞게 되었다. 결국 동학군이 일본군·관군과의 전투

재판을 받기 위해 압송되는 전봉준

에서 패배하고 전봉준 같은 지도자들이 체포되면서 동학 혁명은 일어난 지 일 년 만에 실패로 끝났다.

고부 민란이 있기 이전부터 진주에서도 동학 교리를 신봉하는 신도들과 그 조직이 남모르게 활동하고 있었다. 일찍이 진주 지역에서는 백낙도(白樂道)라는 이가 진주 덕산을 근거지로 가까운 마을과 고을로 동학 조직을 넓혀나가고 있었던 것이다. 그의 제자이자 측근으로는 손응구라는 인물이 있었고, 손응구를 따르는 이로 고만준·임정룡·임말용 같은 핵심 인물이 알려지고 있으며, 그들 무리가 수천이나 되었다고 한다.

1894년 봄, 호남에서 동학군이 본격적으로 봉기한 다음 관군의 토벌에 쫓긴 호남 동학군이 영남 지역으로 피해 들어올 것이라는 풍문이 나돌자 경상도 감영에서는 모든 고을과 진영에 이들에 대한 수색과 체포를 명하였다. 이에 따라 진주 지역에서도 동학도들에 대한 토벌과 체포 활동이 벌어졌다. 4월 13일 관군은 덕산 가까이 대차례(요즘의 내대 마을) 등지에 동학도 오백여 명이 모여 있다는 정보를 가지고 삼백여 명의 군사를 동원해 기습하였다. 이때 백낙도는 관군에 체포되어 측근 두 사람과 함께 이달 15일 주민들이 보는 앞에서 효수되었다. 백낙도가 처형되자 이에 항의하는 수많은 동학도들의 소요가 뒤따르기도 하였으나 이내 진정되면서 동학도들의 위세는 얼마 동안 누그러졌다.

　이후 진주에서 동학군 봉기의 움직임이 나타나게 되는 것은 이해 9월부터였다. 이미 9월 이전부터 진주 마동리 등지에서 동학도들이 매일 집회를 열고 강계부사를 지낸 하겸락을 비롯한 여러 사람들을 붙잡아 가는 등 활동을 벌이고 있었다. 마동리 집회에서 동학도들은 진주 고을 차원의 대회를 결정하여 이를 알리는 방문을 걸었다. 이때의 방문에는 이달 9월 8일에 마을마다 열세 사람씩 평거 광탄진에 모두 모일 것, 참여하지 않는 면에 대해서는 마땅한 조치가 있을 것, 사흘 먹을 식량을 가지고 올 것 같은 내용이 담겨 있었다. 이후 약속한 8일날 진주 일흔세 개 면의 주민들이 면마다 일백 명씩 죽창을 들고 일제히 읍내 시장에 모여들었다. 그리고 '충경대도소(忠慶大都所)'라는 동학군 본부를 설치하고 모든 마을에 다시 통문을 보내어 동리의 이임·동장들로 하여금 자기 지역의 민폐를 바로잡을 것, 큰 동네에서는 쉰 사람, 보통 동네에서는 서른 사람, 작은 동네에서는 스무 사람씩 9월 11일 오전 복흥 대우치로 모일 것, 여기에 응하지 않는 이임·동장 집은 탕진할 것과 같은 내용을 통고하였다. 한편 충경대도소에서는 '경상우도 모든 고을 읍촌에 사는 대소민들에게'라는 제목의 방문을 내어걸었다. 여기에는 왜적의 침입을 징벌하고자 진주에서 대회를 가졌다는 것, 동학도에 호의적인 지금의 병사가 갈리고 왜와의 조약에 따라 새로운 병사가 부임할 것이니 이를 막을 것, 사사로이 토색하는 자는 대도소로 신고할 것을 널리 알렸다.

이 시기에 진주의 읍내와 바깥 마을들은 동학도에게 거의 장악되었던 듯하나 이후의 행방은 분명하지 않다. 다만 9월 14일 진주 대여촌 마을 사람들이 고을의 적폐를 바로잡는다는 명목으로 모든 면에 통문을 보내 읍내에서 집회를 열었고, 집회를 마친 다음에는 장터에 장막을 설치하고 여러가지 활동을 벌였던 사실이 어느 정도 드러날 뿐이다. 진주 목사의 보고에 따르면, 그들은 인가를 부수고 불태운다든지 동헌에 침입하여 관장을 핍박하고 죄수를 석방하는 등의 행패를 자행하였다고 한다. 그리고 천 명, 백 명씩 무리를 지어 옥천사(고성군 개천면 연화산에 있는 큰 절)로 가서 절을 불태웠다고도 한다.

한편 이 무렵 9월 17일에는 다른 지역의 동학도 수천 명이 하동을 거쳐 진주로 들어와 각 관청에 접소를 설치하였고, 다음날 18일에는 영호대접주 김인배가 천여 명을 이끌고 진주성에 들어왔다. 이들 다른 지역에서 들어온 동학군은 몇 개의 부대로 나뉘어 진주의 여러 지역에 포(包) 단위로 배치되었다. 이들이 처음 진주에 도착하자 병사와 목사가 성 밖으로 나와 이들을 수차례 만나고 설득하여 마침내 며칠 뒤 물러났다.

그들 가운데 일부는 소촌역으로 가서 타격을 가하고, 22일에는 대여촌면의 용심동을 습격하여 이 마을의 서른여 채의 집들을 불태우고 많은 주민들에게 부상을 입혔다. 결국 9월 24일에는 진주성 안에 있던 동학도들이 모두 물러났지만, 남은 무리들이 여러 마을에 여전히 출몰하였다. 당시 병영과 진주 관아에서는 관속들이 모두 도망해 버려 병사와 목사가 거의 손을 쓰지 못하였다.

한편 조정과 감영에서는 경남 지역의 동학군 봉기 사실을 보고받고 대구판관 지석영을 토포사로 내정하여, 일부 군병을 이끌고 진주·하동 등지로 가서 일본군과 협동해서 동학군을 토벌하도록 하였다. 9월 25일 부산에서 일본군 3개 소대 150명이 배편으로 창원 마산포에 도착하여 한 부대가 먼저 29일 하동으로 진출했다. 이날 하동 광평동에 남아 있던 동학군은 일본군과 전투를 벌인 뒤 섬진강 건너편으로 물러났다. 일본군이 강을 건너 동학군을 계속 추적했으나 종적을 알 수 없어 동학군이 버린 무기와 양식만 가지고 돌아갔다. 이어 후속 부대와 합류한 일본군이 30일에도 섬진강 건너편에 출몰한 동학군을 추적하였으나 별다른 성과가 없자 마침내 하동으로 철수했다.

그 뒤 10월 7일에는 일본군 제4중대장이 경남 지역에 파견된 일본군을 지휘하기 위해 곤양에 도착하면서 대구에서 파견된 관군과 일본군이 합동으로 작전을 펼치기 시작했다. 이 무렵 동학군들은 여기저기서 출몰하여 일본군·관군과 여러 차례 전투를 벌여 많은 동학군이 사살되거나 효수되었고, 경남 지역 동학 조직의 핵심 인물이었던 임석준이 체포되기도 하였다.

경남 서부지역 동학군의 주력이 크게 궤멸되었던 것은 곤양의 금오산 전투와 진주의 고승산성 전투에서였다. 일본군은 10월 10일 곤양 안심동 남쪽 금오산에 동학군 사백여 명이 모였다는 사실을 알고 두 부대로 나누어 공격해서 많은 동학군을 생포하고 일흔여 명을 사살했다. 그 후 12일 일본군은 진주 백곡리에 동학군이 모인다는 소식을 듣고 곤양에서 진주 수곡리로 이동했다. 이때 토포사 지석영이 진주부 동쪽 20리에 있는 송촌과 동쪽 30리에 있는 집현산 아래와 단성 북쪽 10리에 있는 정정, 원본정 등의 여러 지역에 동학군 사오백 명이 모여 모두 진주성을 향해 진격하려 한다는 급보를 알려와, 일본군은 즉시 길을 돌려 진주부로 돌아왔다. 그 다음날 일본군은 부대를 나누어 송촌과 집현산 부근에 이르렀으나 이미 동학군이 단성 지방으로 이동해 버린 뒤였다.

 같은 날 단성 지방의 동학군들이 진주를 공격하려고 수곡 마을로 진군해 온다는 소식을 듣고 일본군이 다음날 14일에 진주 수곡 마을에 이르렀다. 수곡 마을 산야에 깔려있던 동학군들은 일부는 고승산성으로 물러나 방어 준비를 하고, 나머지 일부는 북쪽으로 물러났다. 일본군의 공격이 있자 산성의 동학군들은 산꼭대기 낭떠러지에 의지해서 완강히 저항하였고, 북쪽으로 물러났던 동학군은 일본군의 오른쪽을 공격하였다. 이로써 동학군이 일시적으로 일본군을 궁지에 몰기도 했으나, 무기나 전투 기술면에서 월등한 일본군이 얼마 뒤 산을 점령했다. 산꼭대기의 방어 진지가 무너져 동학군들이 덕산 방면으로 후퇴하자 일본군 한 소대가 이를 추적했으나 미치지 못하였다. 이날 전투에서 동학군은 많은 사상자를 내어 일본군이 거두어 모은 동학군 시신만 일백여든여섯 구였다고 한다. 이후 일본군과 관군은 하동에 다시 호남 동학군이 내습할 것이라는 소문을 듣고 19일 하동으로 진격하여 20일, 21일에 걸쳐 섬진강을 건너 응치·삼봉산·섬진역에 출몰하는 동학군들에 대한 몇 차례의 토벌에 나섰다. 일본군이 섬진강 건너편에서 동학군과 전투를 벌이는 동안 하동 지역의 동학군들이 배후를 치는 작전을 펼치기도 하였으나 곧 격퇴되어 마침내 흩어지게 되었다.

  9월 말경부터 전개된 일본군과 관군의 토벌 작전으로 동학군은 하동 광평동 전투, 곤양 금오산 전투, 진주 고승산성 전투에서 많은 사상자를 내면서 주력이 괴멸되었다. 이로써 동학군의 활동은 점차 위축되었으나 그 잔여 세력들은 여전히 활동을 계속하였다. 이들은 이후 노응규 같은 보수 유생층이 주도하는 을미의병에 참여하였으며 그들의 세력은 1900년 즈음까지도 '동학당', '영미당'과 같은 이름으로 의병 투쟁과 연결되면서 오랫동안 활동하였다.

14장
항일 의병 운동

　일제의 침략에 대응하여 일어난 항일 투쟁 가운데 가장 적극적인 투쟁이 의병 투쟁이다. 의병은 이미 갑오년(1894)부터 일어났으나 전국으로 확대되기는 이듬해 을미년 명성 황후 시해와 단발령의 공포로 일제의 침략이 뚜렷이 가시화되면서였다.

　진주에서의 의병 활동은 1896년 2월 17일 진주 인근의 안의에서 노응규(盧應奎: 1861~1907)가 의병을 일으킨 데서 비롯한다. 그는 성재 허전의 문인으로 의병을 일으킨 당일 안의 장수사에 딸린 용추암의 승려 서재기, 문인 정도현·박준필·최두연·임기홍, 전 사과 임경희, 선비 성경호 등 열너댓 사람과 함께 바로 진주로 향했다. 이들은 진주 향교

구한말의 의병

에 도착한 뒤 진주성 안의 동정을 살피며 전열을 가다듬다가 이튿날 2월 20일 새벽 의병들을 이끌고 일시에 진주성을 점령하였다.

의병들이 성을 점령하는 과정에서 순검 두 사람을 비롯해 여남은 사람이 살해되자 관찰사 조병필, 경무관 김세진 따위 관리들은 허겁지겁 달아나고 말았다. 진주성을 점령한 뒤 노응규는 고종에게 창의소를 올려, "절사(節士)는 목숨을 경솔히 버리지 않으며, 의리를 붙잡는 것은 군자의 의무이기에 적개심을 이기지 못하여 의병을 일으켰다." 하여 창의의 뜻을 밝혔다. 또한 그는 "석 달 안에 왜적을 몰아내고 선왕의 문물과 토지를 회복할 것임"을 천명하였다.

노응규 의병대가 진주성을 점령하여 성안에 주둔하자 이 소식을 전해 들은 진주 부민들 또한 봉기하여 정한용(鄭漢鎔)을 의병장으로 추대하고 성 바깥에 포진하였다. 이어 전 찰방(察訪) 오종근, 전 수찬(修撰) 권봉희, 정재규 같은 이들이 의병들을 거느리고 와서 합세함으로써 의병진의 규모가 수천 명으로 불어났다. 이에 따라 노응규를 총대장으로 하는 진주의병진은 진주성을 거점으로 삼아 이웃의 여러 지역으로 활동 영역을 넓혀 나갔다. 2월 27일에는 서재기를 단성에 파견하여 그 지역을 장악하였으며, 하동, 고성, 함안 등도 영향권 아래에 두었다. 단성 군수는 민포군 쉰 사람을 의병에 가담시키는 등 의병 활동에 적극 협조하여 죽음을 모면하였고, 고성과 하동 군수는 의병이 온다는 소식을 듣고 달아났는가 하면, 함안 군수는 의병들에 의해 처단되었다.

의병이 장악하는 지역이 점차 확대되자 성내의 치안과 행정이 문제가 되었다. 그리하여 이를 담당할 사람으로 경륜이 뛰어난 사람, 도략(군사 전략)이 출중한 사람, 책략에 능통한 사람, 체력이 출중한 사람을 초빙한다는 방문을 붙이기도 하였다. 의병의 모집을 위해서는 모든 면리에 전령을 보내 두 집마다 군사 한 사람씩을 내도록 하였다. 한편 의병의 사기를 고무시키기 위해 임진왜란 때 진주성 전투에서 순절한 삼장사와 논개에 제사를 올렸다. 이렇게 해서 부대를 정비한 진주의병의 수는 당시 수천 명에 달했다.

이 무렵 대구로 달아났던 경무관 김세진이 경상도 병영의 병사 예순여 명을 이끌고 진주 의병을 진압코자 의령에 도착하였다. 진주 의병소에서는 이 소식을 듣고 선봉장 서재기 등으로 하여금 오백 사십여 명의 병사를 이끌게 하고 그날 밤 의령으로 나아갔다. 진주 의병은 의령 정암진 일대에서 관군과 네 차례 공방전을 벌여 관군 세 명을 사살하고 다수의

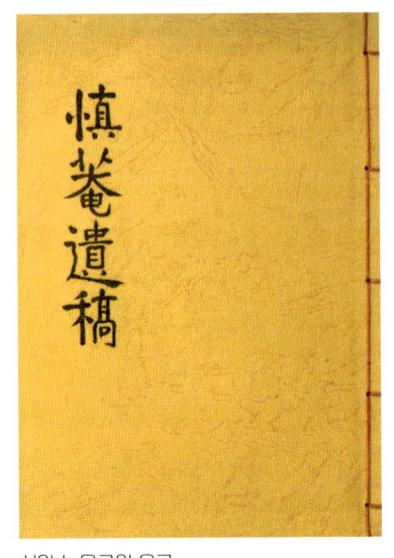

신암 노응규의 유고

전리품을 빼앗은 뒤에 회군하였고 이로써 사기가 한층 높아졌다.

그리고 진주 참서관 오현익이 중방들과 더불어 삼가의 토곡까지 도주했으나 요로에 배치한 방수군이 붙잡아 진주로 압송해왔다. 의병들은 그들을 무수히 난타하고 큰 칼을 씌워 옥에 가두고 심문했다. 이때 오현익의 옷 속에서 진주 경무관 김세진이 대구부에 구원병을 요청하는 서한과 동래부 관찰사에게 일본군 지원을 요청하는 서한이 나왔다.

이후에도 경무관 김세진이 이끄는 관군이 일본군과 함께 현풍(현재 경북 달성군 현풍면)을 거쳐 진주로 향했지만 번번이 패퇴하였다. 그리하

여 경남 일원은 동래부 일대를 제외하고 거의 모든 지역이 의병 천하가 되었다. 진주 의병은 관군과 일본군의 기세를 꺾고 난 뒤에는 사기가 더욱 충천했다. 그리하여 그들은 일제 침략의 발판이자 일본인들의 집단 거주지였던 부산 공략에 나섰다.

일제는 진주의병의 김해·부산 방면의 진출에 대해 매우 예민한 반응을 보이면서 정보를 면밀히 수집하고 있었다. 당시 주한일본공사관 기록에 의하면 선발대로 보이는 진주의병의 일부가 김해에 진출한 것이 3월 29일(양력) 새벽으로 나타난다. 이들 의병의 군세는 대략 일백여 명에 불과했으나 관아를 점령하고 부왜 군수를 체포하려는 계획을 세우고 있었다. 그러나 군수가 이미 의병의 내습을 예견하고 부산으로 달아난 뒤였기 때문에 본진의 명령에 따라 뒷날을 대비하여 전곡을 충분히 비축하고 군사 훈련에 주력하였다. 그런 한편 상인이나 노동자로 가장하여 김해·구포·부산 등지와 일본인 거류지에 잠입하기도 했다.

얼마 뒤 노응규가 이끄는 본진이 일만여 명의 대부대를 이루어 김해에 다다랐다. 이들은 대부분 전투 부대가 아니었으며 또한 일본군 본진이 부산에 있었던 관계로 직접적인 접전은 이루어지지 않았다. 그러나 4월 12일 일부 의병들은 일본군과 격렬한 전투를 벌여 일본군 넷이 살상되었고 의병 네 사람이 전사하고 20여 명이 부상을 입었다.

진주 의병은 무기의 열세와 의병진 수뇌부의 의견 차이로 진주로 회군하고 말았다. 진주로 돌아온 직후 정한용이 이끄는 오백여 의병이 삼가에, 서재기가 이끄는 오백여 의병이 안의에 각각 분산 배치되었고, 노응규는 소수의 병력으로 진주 병영에 남게 되었다.

이 무렵 서울 시위대 병력을 이끌고 의병 진압을 위해 호남에 파견되었던 참령 이겸제는 기우만이 이끌었던 의병을 해산시킨 다음 진주로 향했다. 이겸제는 시위대 병사 오백 명과 대구 진위대 병사 이백 명을 이끌고 와서 4월 24일 밤 성벽을 부수고 공격하였다. 이로써 석 달 넘게 이어졌던 진주 의병들의 토왜 투쟁은 사실상 끝나게 되었다.

이겸제가 이끈 관군이 진주에 도착했을 때는 진주 의병이 이미 해산된 뒤였다. 전라도 의병을 진압하고 진주로 말머리를 돌린 이겸제는 여느 곳의 경우처럼 진압 작전을 전개하기 며칠 전부터 고종이 내린 '의병 해산령'을 진주 의병부대에도 보냈던 것으로 보인다.

이미 노응규는 고종의 의병 해산령에 따라 의병을 해산하고 주변을 정리하여 진주성을 나왔으며, 이겸제가 이끄는 관군이 진주에 도착했을 무렵 그는 삼가를 거쳐 서울로 향하고 있었다. 노응규는 진주성 안에 있던 의병을 해산한 뒤 삼가에 주둔하던 정한용 부대에 들렀다가 그와의 알력으로 옥에 갇히는 신세가 되기도 하였다. 한편, 안의에 머무르고 있던 서재기 부대도 안의 서리배의 흉계에 의해 서재기가 피

살당하자 흩어지고 말았다. 이로써 경남 일원을 휩쓸었던 진주 의병은 거의 해체되고 말았다.

　삼가 감옥을 빠져 나온 노응규는 십여 명의 의병과 함께 거창으로 향하는 도중에 그의 부형이 안의 서리배에게 화형과 총살형을 당했다는 비보를 듣게 되고, 상경한 뒤에는 전라도로 피신하여 광주·남원 등지를 전전하는 처지가 되었다.

　고종이 러시아 공사관에서 돌아오자 노응규는 '지부자현소(持斧自見疏)'를, 정한용은 '사면소(赦免疏)'를 올려 각각 비답을 받았다. 이로써 진주의병도 국권 회복을 위해 일어선 '의병'이라는 추인이 내린 셈이다.

　이후 노응규는 귀향하여 생활하기도 하고 조정으로부터 관직을 제수받기도 하였다. 을사조약이 체결되었을 때에는 여러 가지 시도를 꾀하다가 1906년 11월 중순 무렵 충청도 황간으로 들어가 세력을 규합해 재차 의병을 일으키려 하였다. 그러나 이 일이 사전에 발각되어 핵심 인물들이 순검에 체포되면서 의병 활동은 무산되고, 그는 서울 경무청으로 압송되어 옥에 갇혀 심문을 받다가 병사하였다.

15장
형평사 창립과 활동

 3·1 독립운동이 일어난 4년 뒤인 1923년 진주에서는 백정의 사회적 지위 향상과 저울처럼 평등한 사회를 이룩하려는 목적으로 형평사라는 단체가 조직되어 1930년대 중반까지 활동하였다. 진주는 전국에서 처음으로 형평사가 결성되어 이후 전국적으로 확산된 형평 운동의 발상지이기도 하므로 형평사가 결성된 배경이나 과정, 형평사의 주요 활동에 대해 살피지 않을 수 없다.

 백정은 가축의 도살이나 피혁 제품의 제조나 가공과 같은 일에 종사하며 살았던 조선 신분제 사회의 최하층 천민이었다. 그들은 일반 양민들이 사는 마을에서 함께 살 수 없어 마을 변두리에 따로 마을을

봉황대 고분군 부근 백정의 가족과 가옥(1913년)

형성하여 집단적으로 거주하였다. 옷차림이나 집안의 치장이 일반 양민들과는 달랐으며 길을 가더라도 일반 양민들과는 한두 걸음 뒤에 떨어져 걸어야 했다.

1894년(고종 31)의 갑오개혁에 의해 백정은 법률상으로는 천민 신분에서 해방되었으나 1920년대 당시까지도 이들에 대한 신분적 차별은 여전하였다. 일제는 조선의 봉건적인 신분 관계를 그대로 유지하는 것이 식민통치에 용이하다고 여겨 관공서에 제출하는 이력서나 학교 입학 원서 등에 반드시 신분을 명기하도록 하였다. 특히 백정에 대해서는 호적상 도한(屠漢 : 짐승 잡는 사내라는 뜻)으로 기재하든지 붉은 색의 동

1930년대의 진주교회와 주변 시가지

그라미나 점으로 표시하여 신분이 드러나도록 하였다.

 백정을 차별하는 관습이 진주 지역에서 처음으로 드러나게 부각된 것은 진주지역에 기독교가 전래되면서였다. 진주에서의 기독교 선교는 1905년 호주인 선교사 커를이 진주 지역 선교를 담당하면서 시작되었다. 기독교가 전파되면서 교인들 가운데 차츰 백정 신도가 생겨나자 처음에는 그들을 위한 별도의 예배소를 운용하였다. 그런데 커를이 안식년을 맞아 본국으로 돌아간 뒤 부임한 라이얼 (D. M Lyall, 羅大闕, 羅大碧) 목사는 백정 신도들도 일반 신도들과 함께 예배를 보도록 하였다. 백정 신도들만으로 별도의 예배를 갖는 것은 성경의 말씀과 기독교 정신에 어긋난다는 이유에서였다. 이 때문에 일반 신도들이 백정과의 동석 예배를 거부하여 교회 안에서 한때 분란이 있기도 하였으나 선교사들의 설득으로 마침내 백정도 일반 신도와 함께 예배 보는 것으로 귀착되었다.

신분 차별 문제를 해결하려는 움직임은 1919년에 일어난 3.1운동 이후 활발하게 일어났다. 진주 지역 3.1운동에 참여하였던 사회운동단체 활동가들과 진주의 백정 출신 유력자들이 협력하여 1923년 4월 백정 신분 해방을 위한 단체인 형평사를 조직하였다. 형평이란 명칭은 백정들이 고기를 팔 때 쓰는 저울에서 취한 것으로 백정과 상민이 평등하게 사는 사회를 만든다는 뜻을 담고 있었다.

형평사 창립은 3.1운동을 주동하여 복역하였던 강상호, 조선일보 진주지국장이던 신현수, 진주에서 정육점을 경영하던 이학찬, 의령 출신의 백정 유지인 장지필 등이 이끌었다. 이 가운데 장지필은 일본 명치대학 3학년을 중퇴한 뒤 귀국해 1910년대에 백정 조합 운동을 시도하였던 지식인이었다. 그는 '도한'이라는 호적부의 기록 때문에 조선총독부에 취직하는 것을 단념한 인물이기도 하였다.

1923년 4월 24일 진주 청년회관에서 대략 일흔여 명의 사회운동가들과 백정들이 참석하여 백정들의 신분 해방을 목적으로 하는 단체인 형평사 기성회를 가졌다. 다음날 같은 장소에서 대략 여든여 명

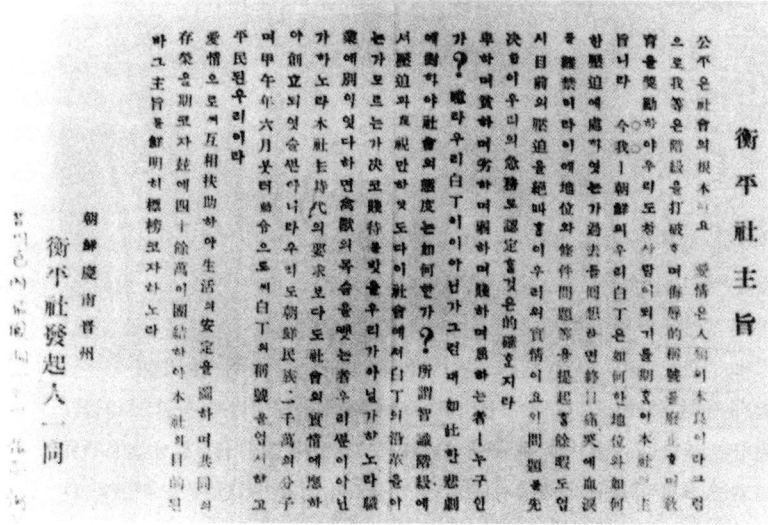
형평사 주지

의 사람이 참석한 가운데 형평사 발기 총회가 열렸다. 강상호의 사회로 진행된 이 날 회의에서 형평사 운영 규칙과 기본 조직을 정하고 사업 내용에 대한 토의와 임원을 선임하는 등 중요한 사항이 논의되어 결정되었다. 참석자들은 이 모임을 전국적인 사회 운동으로 확대하려 하였다. 그리하여 전국 조직을 본사, 지사, 분사 체제로 구성하고, 본사는 진주에 두고 여러 도에 지사를 두며, 도 아래 군에는 분사를 두기로 하였다. 임원으로는 강상호, 신현수, 천석구, 장지필, 이학찬을 선임하였다. 여기에는 비백정 출신의 사회운동가뿐만 아니라 진주 지역

형평사 창립 축하식을 열었던 진주좌. 진주좌는 뒤에 진주극장으로 이름이 바뀌었다.
(사진은 6·25 때 불에 탄 건물을 재건축한 진주극장의 옛 모습이다)

의 부유한 백정들이 뒤섞여 있었다. 회의 마지막에는 형평사의 주지도 의논하여 정하였다.

발기 총회를 마친 형평사는 5월 13일에 창립 축하식을 거행하기로 하고 경남 지역을 중심으로 다른 지역에 선전대를 파견하였다. 그리하여 예정대로 극장 진주좌(현재 몰에이지 빌딩이 있는 자리)에서 축하식을 열었으며, 이것이 형평운동이 전국적으로 확산되는 계기가 되었다. 참석 인원이 사백여 명에 달하였으며, 이들 가운데는 부산, 마산, 밀양, 김해, 거창, 의령, 통영, 창원, 함안, 합천, 남해, 산청, 진해, 하동 등의 경남지역 뿐만 아니라 대구, 논산, 대전, 옥천 같은 중부권에서 온 대표자도 있었다.

행사장인 극장 진주좌는 당시 진주에서 가장 큰 건물이었다. 이 자리에 진주 지역의 저명한 인사들이 축사와 강연을 행했고 수백 명의 백정들이 모여 백정 해방과 인권 평등을 공개적으로 주창하였다. 이날의 행사를 통해 형평사 창립 사실이 전국적인 관심사로 부각되었고 진주가 형평 운동의 발원지로서 위치를 굳히게 되었다.

행사가 끝난 다음 형평사 간부들은 경남 경찰부를 방문하여 민적의 백정 신분 표시를 삭제해줄 것을 요구하였고, 경찰부는 이 요구를 받아들여 모든 군청에 시정을 지시하였다. 이후 다른 지역 형평사 지도자들과 사회운동가들도 형평 운동의 확산에 진력하게 되면서 형평 운동은 급속도로 발전하였다. 1923년 말 즈음 전국의 형평사 조직은 지사 열두 곳, 분사 예순일곱 곳에 이르렀다.

형평 운동의 급속한 발전은 보수 사회의 반대를 불러일으키기도 하였다. 1923년 5월에 진주에서는 소고기 비매 동맹이 조직되었고, 7월에는 경남 삼가에서, 8월에는 김해와 충북 제천에서 형평 운동을 반대하는 시위가 일어나기도 하였다.

1923년 11월 7일 대전에서 열린 전조선 형평 대표자 회의에서 본사 이전 문제가 제기되기 시작하였다. 진주는 너무 외져서 형평운동의

1996년데 건립한 형평운동기념탑. 원래 진주성지에 조성되었으나 현재는 경남문화예술회관 앞 조각공원으로 옮겨졌다.

확산에 장애가 된다는 문제가 제기되었다. 논의를 거듭하다가 마침내 형평사 혁신회의 주장에 의해 본사를 서울로 이전할 것이 결정되었고 이를 진주 지역 인사들은 거부하였다. 결국 혁신회에서 서울 도렴동에 사옥을 마련하여 본사 간판을 내걺으로써 형평사는 두 곳에 본부를 두게 되었다.

두 파벌은 1924년 4월 25일 창립 일주년 기념식을 진주와 서울에서 따로 거행하는 등 제각기 활동을 전개하였다. 두 쪽은 사원들의 차별 철폐 문제나 인권 문제와 교육 문제 등에는 의견을 같이 했지만, 경제적 측면의 문제에 대한 관심이 다소 달랐다. 진주파의 사업 계획에는 경제문제가 상대적으로 소홀하게 취급된 반면에 서울파에서는 피혁회사의 설립, 도부 고정 임금제의 도입, 제품의 공동 판매 추진과 같은 적극적이고 진보적 성격의 사업 계획을 보여 주었다. 진주가 지리적으로 서울과 멀리 떨어져 있어 다른 사회운동 단체와의 협력이 쉽지 않았던 반면에, 서울로 옮긴 이후에 다른 사회 운동과의 협력 관계가 더욱 긴밀하게 되었고, 그 결과 형평운동이 사회운동계의 일각을 차지하는 변모를 보이게 되었다.

형평 운동은 파벌 싸움의 소용돌이 속에서도 끊임없이 발전하여 형평사 아래 여러 성격의 하부 단체들이 생겨났다. 진주의 일부 사원들은 1924년 3월 31일 형평청년회를 조직하였고, 이것이 다른 지역으로 확산되면서 1925년 가을에 전북 형평청년연맹이 결성되었다. 11월에는 전영동(全嶺東)형평청년연맹이, 12월에는 서울에서 전국 규모의 형평청년연맹이 조직되었다.

1920년대 중반 이후에는 형평사의 활동이 신분해방을 뛰어넘어 민족해방과 계급해방으로까지 활동 영역이 확대되었다. 형평사 지도자들 사이에 이념적 갈등이 일어나게 되고 형평운동의 방향과 성격에 대한 지도부의 입장 차이는 1931년 형평사 해소론 파동으로 이어졌다. 이해 봄 수원 분사에서 처음 일어난 해소론은 사회주의 활동 노선에 입각한 것으로, 형평사가 그동안 사원들의 계급의식을 일깨우는 데는 기여하지 못하고 오히려 계급투쟁에 장애가 되었으며, 비계급적이고 비대중적인 지금의 단체는 해체하고 노동조합 건설에 참여하여 계급투쟁을 벌여야 한다는 주장이 제기되었다.

급진적인 좌파 사원들이 주도한 이런 제안은 그 뒤 형평운동의 방향을 결정짓는 중요한 쟁점이 되었고, 해소안이 계속해서 회의에 상정되면서 형평 운동은 점차 퇴조하는 양상을 보이게 되었다. 형평운동의 퇴조는 형평사 안에서의 좌우 대립뿐만 아니라 세계 공황의 여파로 인한 전통 산업의 불황으로 사원들의 생활이 더욱 어려워진 데도 원인이 있었다. 여기에 만주사변과 대륙침략 전쟁을 수행하기 위한 일제의 강압적인 식민통치가 다른 사회운동과 마찬가지로 형평운동을 위축시키게 하였다. 결국 형평사는 1935년 4월 제13회 정기전국대회에서 대동사로 개칭한 이후 신분 해방의 원래 목적을 상실한 피혁상, 수육상 등 일부 집단의 이익 단체로 전락하였다가 1930년대 말 일제가 침략 전쟁을 일으키며 황민화 정책을 강화하는 와중에 사라지고 말았다.

16장
근대 도시로 발전

　조선 왕조와 같이 전국의 행정 구역을 목·부·군·현으로 구획하여 중앙에서 모든 고을에 수령을 파견하여 지방을 다스리도록 한 지방 행정제도를 '군현제'라고 한다. 군현제 아래에서는 모든 고을에 파견된 수령이 행정·사법·군사 등의 광범한 권한을 행사할 수 있었으므로 수령의 권한은 막강하였다. 이 때문에 조선 왕조는 수령을 적절히 통제하고 감독하기 위하여 전국을 여덟 개의 도로 구획하여 각도마다 관찰사를 두어 도내 수령을 감독하도록 하였다.

　이러한 8도 체제와 군현제는 1894년 갑오경장 이래 지방 제도의 근대적 개혁이 추진되면서 변모를 보이게 된다. 이듬해인 1895년에 이르러 종래의 8도제를 폐지하는 대신 전국을 23부의 관할 구역으로 새로 확정하고 그 아래 목·부·군·현의 고을 명칭은 모두 군으로 일원화하였다. 동시에 종래 지방관에게 부여하였던 사법권과 군사권을 박탈하였다. 이때 경상도는 진주부, 동래부, 대구부, 안동부의 네 개 부로 나누어 저마다 21개 군, 9개 군, 23개 군, 17개 군을 소속시켰다.

갑오개혁을 주도했던 친일개화파 정권이 무너지면서 23부제가 폐지되고 다시 도제가 부활되면서 전국은 13도로 개편되었다. 이때 종전의 경상도가 경상남도와 경상북도로 나누어지게 되면서 경상남도의 관찰부가 진주에 두어져 진주 관찰부는 1부와 29군을 관할하게 되었다.

을사조약 뒤 침략 일본의 통감부는 또다시 우리나라 지방 행정 제도를 바꾸려 하여 1906년 4월에 내부(내무부) 안에 지방제도조사위원이라는 것을 설치하고 행정구역을 조정하였다. 이때 13도는 그대로 두었으나 일부 군의 통폐합과 함께 군의 구역을 대폭 바꾸었다. 진주는 종래의 75면 가운데서 파지·백곡·금만·사월·삼장·시천면을 산청군에, 운곡·청암·대야·정수면을 하동군에, 문선·남양·영현·영이곡·오읍곡·개천면을 고성군에, 상봉·하봉·상사면을 함안군에, 양전면을 해군에, 적양·창선면을 남해군에 넘겨주게 되었고 이로써 진주는 50개의 면으로 이루어진 진주군으로 떨어졌다.

또한 한일합방 뒤 침략 일제의 총독부는 1913년 10월에서 1914년

진주군 관내도(1930년대)

4월에 걸쳐 군과 면을 마음대로 휘저어 없애거나 보태어 군과 면의 수를 대폭 줄였다. 통감부 뒤로 진주군의 면이 쉰 개였던 것을 열아홉 개로 줄이고, 여태까지 진주군에 들어있던 부화곡면과 축동면을 사천군으로 옮기고, 함안군에 넘어갔던 상봉·하봉·상사면을 다시 진주부로 편입하여 영역을 새롭게 바꾸었다. 이런 과정에서 진주 관아 가까이 있는 면들을 모아서 진주면으로 만들었다. 이때 진주면으로 편입된 지역은 성내면·중앙면의 대부분과 대안면·봉곡면의 일부이다.

1917년에 조선총독부는 면제와 면제시행규칙을 공포하면서 전국 23개 면을 지정면으로 정하였다. 지정면이란 장터가 활발하고 조선사람과 일본 사람이 함께 모여 살고 그 여건이 부에 가까운 면을 골라 특별히 정한 것인데, 이때 진주면이 지정면에 들어갔다. 지정면에서는 일본인이 면장으로 임명될 수 있고, 면장의 자문기관으로 도장관이 임명하는 상담역이라는 것을 두게 했으며, 지정면에 한하여 재정차관(기채)을 할 수 있도록 했다. 진주는 당시 부는 되지 못했지만 도청 소재지였고 인구가 비교적 많고 상공업이 발달하여 재정이 튼튼한 도시의 형태를 갖추었기 때문에 지정면이 될 수 있었다. 이듬 해 5월에는 진주면의 규모를 좀 더 키워서 7개 동(내성·중성·동성·대안·중안·평안·비봉동) 3개 리(상봉·옥봉·천전리)를 관할하게 되었다.

  1919년 3.1 운동이 일어나자 일제는 문화정치를 내세우며 지방자치를 실시한다는 명목 아래 1920년 7월에 일련의 법령을 발표하여, 도·부·면(군은 제외)에 평의회·협의회를 두어 도지사·부윤·면장의 행정에 자문 역할을 하도록 하였다. 면에도 면장의 자문기관으로 면협의회를 신설하고 의장인 면장 이외에 8인 이상 14인 이내의 협의회 회원을 두는 면제 개정이 있었다. 이 협의회의 회원은 일반면의 경우는 선거에 의하지 아니하고 군수가 직접 그들을 임명하도록 하였으나 지정면의 경우 주민의 선거에 의해 선출하도록 하였다. 그러나 면의 부과 금

일제시대 진주 시가지(1930년대 촬영)

액 연액 5원 이상 납부자에게만 선거권과 피선거권을 부여하였다. 진주면은 지정면이었기 때문에 12명의 협의회 회원의 선거가 있었는데, 당선자는 한국인이 여덟, 일본인이 넷이었다. 그때 진주 인구 14,094명 가운데 조선 사람이 12,021명, 일본 사람이 2,073명이었는데, 이 가운데 면의 부과 금액 연액 5원 이상을 내는 유권자는 112명에 지나지 않았다.

　진주는 1925년 도청을 부산으로 이전하면서 형세가 더욱 크게 위축되었다. 도청을 옮긴다는 소문은 1909년 6월 즈음 부산일보에서 처음 흘러나온 뒤 여러 차례 띄엄띄엄 흘러나왔다. 그때마다 진주 주민들의 격렬한 반대시위로 잠시 가라앉았다가 1924년 12월 8일에 갑자기 관보에 부령 제76호로 확정해버렸다. 이런 사실을 뒤늦게 안 진주 사람들은 도청이전방지회를 만들어 진정위원을 선출하고 총독부에 파견하는 한편 시민대회를 열기도 했지만 결정을 바꿀 수가 없었다. 그 뒤로 도청에서의 농성, 전기회사의 습격, 도지사 관저 습격과 같은 진주 사람들의 반대 시위에도 불구하고, 당국은 방지회 간부들을 구속한다든지 일체의 집회를 금지한다든지 주도자들 사이에 이간책을 쓴다든지 하면서 반대 운동을 잠재우려 애썼다. 그러는 가운데 1925년 4월 1일 결국 도청은 부산으로 옮겨가고 말았다.

진주가 이웃한 부산이나 마산에 견주어 그 발전이 크게 뒤지게 되는 것은 일제강점시대에 와서 비롯한다. 부산과 마산은 일제 침략의 주요 출입문인 개항장 가운데서도 중요한 위치를 차지하고 있었고, 일본 사람들이 일찍부터 몰려들어 도시를 이루고 있었다. 일제는 바로 이러한 곳에 집중적인 지원을 하였던 것이다. 부산은 국권피탈 이전부터 부로 되어 있었고, 마산포도 1914년 부로 승격하였다. 부로 승격할 당시 마산의 인구가 23,000여 명이었는데 비해 도청소재지인 진주면은 그 무렵 인구가 17,000여 명에 지나지 않았다.

도청이 부산으로 옮겨간 뒤로 진주는 경남 지역의 중심지 기능을 한꺼번에 잃어버렸다. 경남 지역의 여러 가지 사회운동을 아우르는 단체도 이제는 진주를 중심으로 움직이지 않고 부산으로 중심 역량을 옮길 수밖에 없었다. 실제로 1925년 이후로 접어들면 당시 사회운동의 선진적 역할을 하던 진주 지역이 다른 지역에 비해 상대적으로 침

진주군 시절 군청사(진주군 주내면 대안리에 있었다)

진주 부의원 선거(1930년)

체되어 가는 경향을 뚜렷이 보였다.

한편 지방자치를 위한 자문기관이 부·면 협의회로 둔갑해 버린 데 대한 신랄한 비판이 계속되자 조선총독부는 1930년 12월 1일 지방자치제 관련 제령을 발표하여 부·면제와 도제를 다시 개정하였다. 종래의 지정면이 읍으로 바뀌었고, 자문기관에 불과했던 협(평)의회가 의결기관인 도회·부회·읍회로 바뀌었다. 이러한 지방제도 개정 과정에서 지정면으로 불리었던 42개 면이 읍으로 승격되면서 진주면도 진주읍으로 바뀌었다. 그 뒤 읍 지역은 전국적으로 동리 명칭을 일본식으로 바꾸면서 진주읍 소관의 7개 동과 3개 리가 1932년에는 17정(町)으로 개편되어 진주군은 1읍(17정)과 18면(138리)을 관할하게 되었다.

같은 경남 지역의 부산이나 마산이 나날이 눈에 띄게 발전하는 것에 비해서는 훨씬 뒤처지긴 하였지만 진주읍도 사회와 경제의 측면에서 볼 때 도시의 모습을 조금씩 갖추어갔다. 인구도 조금씩 늘어나서 1930년대 후반에는 3만 명을 넘어서게 되어 마침내 1939년에는 부로 승격하였다.

조선총독부는 1939년 9월 30일자 관보(관청소식을 알린다는 뜻의 문서. 그러나 관청끼리 알릴 뿐 국민에게 알리지는 않았다)에 총독부령 제111호를 공포하여 진주군에서 진주읍을 떼 내어 진주부로 높이고 진주군은 진양군으로 이름을 바꾸었다. 이에 앞서 산업으로나 경제생활로나 가장

오늘날의 진주시 전경

가까이 있는 이웃 도동면의 상대리·하대리·상평리·초전리·장재리와 집현면의 하촌리, 평거면의 유곡리·신안리·이현리·판문리·평거리와 나동면의 주약리 같은 곳을 진주읍에 편입시켰다. 이렇게 해서 진주 도시 지역의 면적이 555방리(1방리는 한 모의 길이가 1리, 곧 4킬로미터인 바른 네모꼴의 넓이를 뜻한다)에서 2095방리로 크게 넓혀졌고, 인구도 일만 명 가까이 늘어나서 44,918명이 되었다.

광복 후 대한민국정부 수립 이듬해인 1949년 8월 15일 진주부는 진주시로 이름이 바뀌었다. 이후 1995년 1월 인근 진양군이 진주시에 통합됨으로써 도농 복합형 통합시의 모습을 갖추어 오늘에 이르고 있다.

참고 문헌

- 《삼국사기》
- 《고려사》
- 《조선왕조실록》
- 《신증동국여지승람》
- 《진양지》
- 고숙화. 〈형평사에 대한 일연구〉, 《사학연구》 38. 한국사학회, 1984.
- 김준형, 《1862년 진주농민항쟁》(진주문화를 찾아서 4), 지식산업사, 2001.
- 김준형, 〈향안입록을 둘러싼 경남 서부지역 사족층의 갈등〉, 《조선시대사학보》 33. 2005.
- 김중섭, 《형평운동》(진주문화를 찾아서 3), 지식산업사, 2001.
- 김해영. 〈조선말기 명현록의 유행과 경상도 각읍 명현가〉, 《남명학연구》 22, 2006.
- 박민영. 〈신암 노응규의 진주의병 항전연구, 《박성수교수 화갑기념논총》, 1991.
- 이수건, 《영남학파의 형성과 전개》, 일조각, 1995.
- 이영호, 〈1862년 진주농민항쟁의 연구〉, 《한국사론》 19, 서울대, 1988.
- 이인철, 《신라정치제도사연구》, 일지사, 1993.
- 이정신, 〈고려무신정권기 진주민의 항쟁〉, 《한국학보》 55, 1989.
- 이현모, 〈나말여초 진주지역의 호족과 그 동향〉, 《역사교육논집》 30, 2003.
- 이형석, 《임진전란사》, 임진전란사간행위원회, 1974.
- 조영제, 《진주의 선사·가야문화》(진주문화를 찾아서 6), 지식산업사, 2004.
- 지승종, 〈16C말 진주성전투의 배경과 전투상황에 관한 연구〉, 《경남문화연구》 17. 1995.
- 진주농민항쟁기념사업회·경남문화연구원, 《진주농민운동의 역사적 조명》, 역사비평사, 2003.
- 진주시사편찬위원회, 《진주시사》, 1995.